井戸尻の縄文土器 ②

藤内遺跡 9・14・16・19 号住居址・特殊遺構出土土器

長野県富士見町井戸尻考古館 編

テクネ

長野県富士見町井戸尻考古館

　八ヶ岳西南麓では縄文時代（約12,000〜2,000年前）の生活文化を伝える遺跡がこれまで多数発掘されてきました。館内には、富士見町内で発掘調査した資料のうち、二千点余りの土器や石器が年代順に並べられ、その移り変わりや用途を知ることができます。また、住居展示や食物・装身具なども併せて展示し、一見すればわかるように工夫されています。また、土器や土偶など図像の解読で明らかになった当時の宗教観や世界観・神話なども意欲的に解説しています。

　館外には、5,300平方メートルの敷地に配石遺構のほか、栽培作物圃場・石器材料岩石園を設け、当時の食生活や農具の究明を行っています。また、史跡井戸尻には復元家屋が建ち、涸れることのない湧水の音に耳を傾けると、しばし縄文の世界に浸ることができます。考古館の隣には、この地域の民俗資料を収集した歴史民俗資料館が併設されています。

- ● 場所：〒399-0101 長野県諏訪郡富士見町境７０５３
  　　　TEL：0266(64)2044　FAX：0266(64)2787
  　　　E-mail：idojiri@town.fujimi.lg.jp
  　　　http://userweb.alles.or.jp/fujimi/idojiri.html
- ● 開館時間：午前９時〜午後５時 (休館日：月曜日・祝日の翌日・年末年始)
- ● 鉄　　道：ＪＲ中央本線信濃境駅下車 徒歩１５分。
- ● 自動車：中央自動車道小淵沢ICより信濃境方面へ６Km　約１５分。
  　　　　　国道２０号線上蔦木信号より信濃境方面へ２Km上る　約５分。

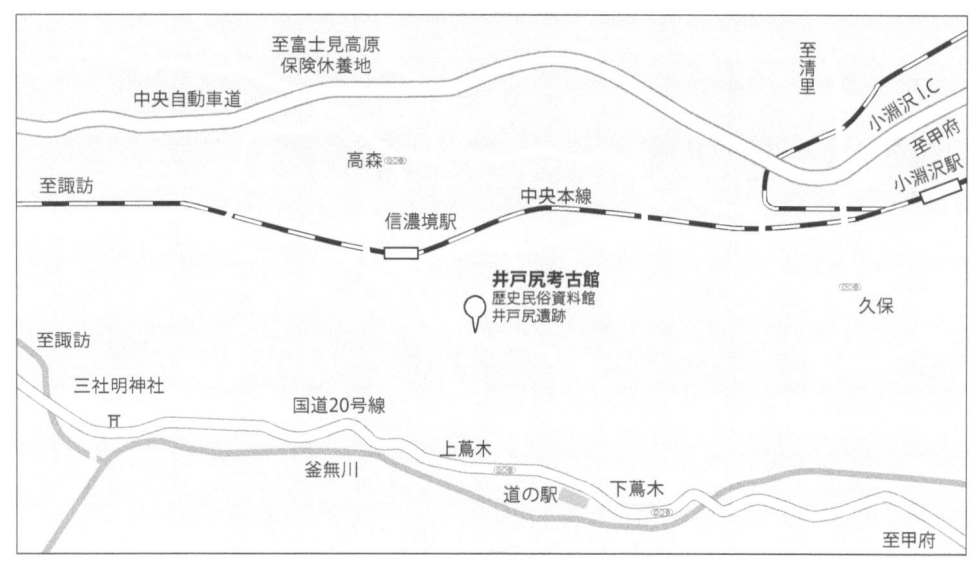

井戸尻の縄文土器 ② 藤内遺跡９・14・16・19号住居址・特殊遺構出土土器　カラー版
Jomon Potteries in Idojiri ②　Tounai Ruins Dwelling Site #9, #14, #16, #19, Central Tombs　Color Edition

初版発行：2015年6月15日	1st Edition: Published on 15 June, 2015
印刷製本：CreateSpace, An Amazon.com Company	Printed by CreateSpace, An Amazon.com Company
発行所：株式会社テクネ	Published by Texnai, Inc.
東京都渋谷区宇田川町 2-1	2-1 Udagawa-cho, Shibuya-ku, Tokyo, Japan
Tel: 03-3464-6927　Fax: 03-3476-2372	Tel: 81-3-3464-6927　Fax: 81-3-3476-2372
e-mail:texnai @ texnai.co.jp　http://www.texnai.co.jp/POD/	
© 長野県富士見町教育委員会 井戸尻考古館、2015	©Idojiri Archaeological Museum, 2015
ISBN 978-4-907162-86-3	

例　言

　井戸尻考古館では、主として縄文土器・土偶に関し、かねてより発掘資料の画像データベース化を進めてきたが、この度、一般向けに遺跡別の図録をオンデマンド出版のかたちで刊行することになった。本書は、その第二巻で、2002年に国の重要文化財に指定された藤内遺跡出土土器の内、9号・14号・16号・19号住居址・特殊遺構の主要な縄文土器15点を収録したものである。遺跡ならびに土器の解説については、2011年に刊行した調査報告書『藤内―先史哲学の中心―』から抜粋、若干の編集をほどこして転載した。写真については画像データベース構築の際に撮影した多視点画像のうち、土器ごとに最小3点を選び、1ページに1点という方針で割り付けた。オンデマンド出版は、組版データの入力後、印刷から製本までを一貫して自動的に処理できるシステムの開発によって実現した出版形態で1冊からでも出版できる点に特徴がある。印刷としては従来のオフセット印刷とは若干差異があるが、これもひとつの特徴として受け止めていただければ幸いである。　以下、解説、写真の著作者、表記について記す。

1. 解説執筆者：小林公明・樋口誠司・小松隆史
2. 実測図作成
　　土器：小口明子・小池敦子・佐藤裕子・田中基・樋口誠司・山中絵里子
　　遺構製図：小林美知子　　土器製図：樋口誠司
3. 多視点写真撮影：関浩明・平出教枝・鳥居諭・深沢武雄／株式会社テクネ
4. 遺構図ほかの表記法は以下の通りである。
　　1）方位は磁北を指す。　2）水糸高は標高（m）を示す。　3）一点破線は埋められた遺構を示す。
　　4）土器の図で網目の部分は器表の剥落もしくは欠損を表す。また指標線が口縁部にあるものは対向する表裏面、胴部にあるものは左右の側面である。
　　5）土器データ最終行のID番号は、井戸尻考古館画像データベースのID番号である。
　　6）なお遺構図中の遺物番号は全て藤森栄一編『井戸尻』所収の番号で本図録には必ずしも対応していない。詳しくは発掘調査報告書『藤内』ならびに『井戸尻』を参照されたい。
5. 制作：深沢武雄・平出教枝・鳥居諭（画像処理）浜崎伸（OCR）／株式会社テクネ

目次

藤内遺跡9号・14号・16号・19号住居址・特殊遺構の発掘調査	5
図録	
蛇文蒸器形深鉢（じゃもんむしきがたふかばち）	16
蛇文酒壺（じゃもんさけつぼ）	20
両耳埦（りょうじわん）	24
神像文系深鉢（しんぞうもんけいふかばち）	28
菱形蛙文深鉢（ひしがたかえるもんふかばち）	32
蛇文神像文系深鉢（じゃもんしんぞうもんけいふかばち）	36
縦帯区画文深鉢（じゅうたいくかくもんふかばち）	40
双眼五重深鉢（そうがんごじゅうふかばち）	44
蛇を戴く土偶（へびをいただくどぐう）	48
乳房状口縁大深鉢（ちぶさじょうこうえんおおふかばち）	52
双眼深鉢（そうがんふかばち）	56
半人半蛙文有孔鍔付土器（はんじんはんあもんゆうこうつばつきどき）	60
みづち文深鉢（みづちもんふかばち）	64
菱形蛙文系大深鉢（ひしがたかえるもんけいおおふかばち）	68
深鉢（ふかばち）	72

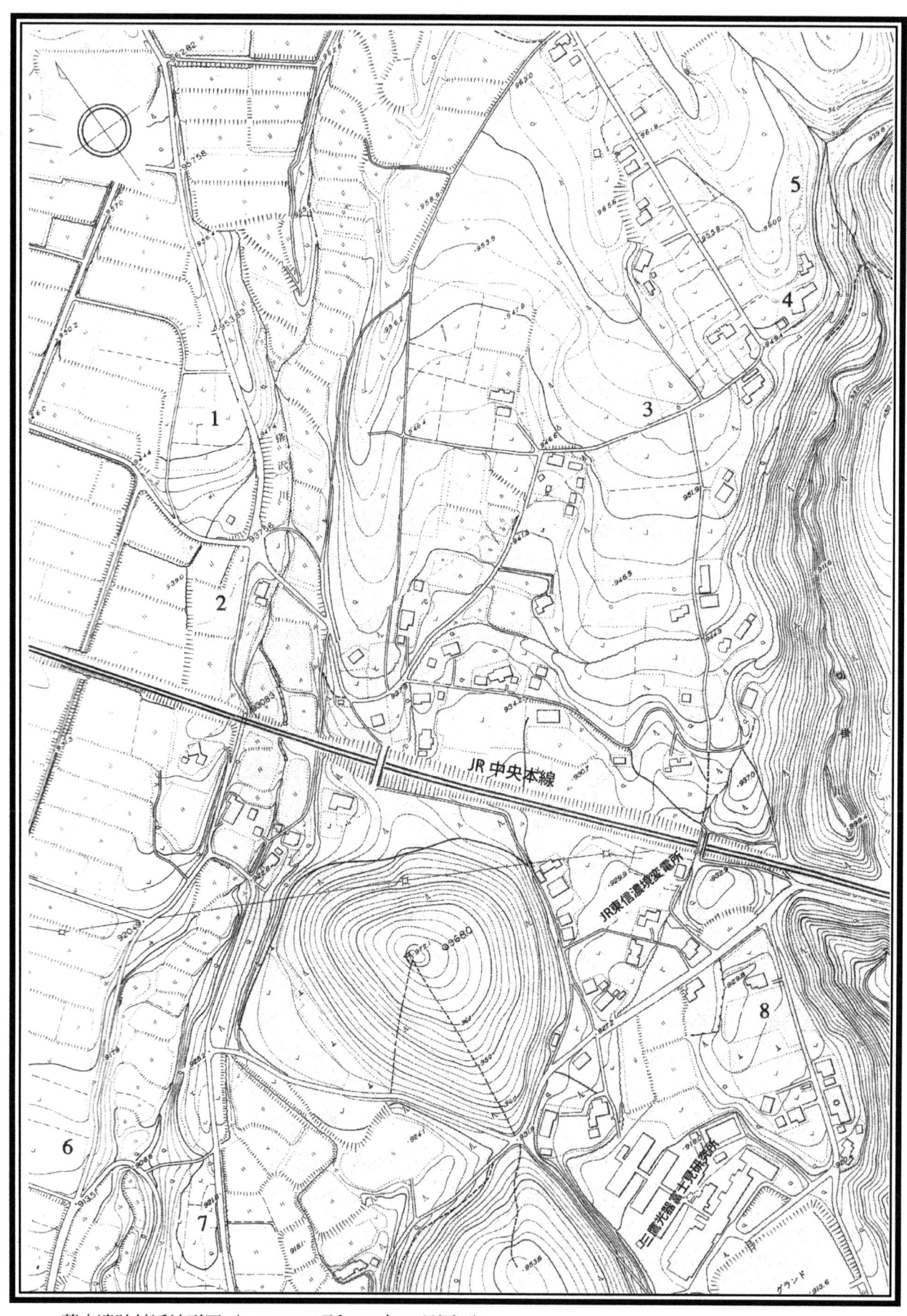

藤内遺跡付近地形図〈1：5000 昭和50年7月測図〉
1.九兵衛尾根　2.狢沢　3.藤内　4.新道　5.籠畑　6.唐渡宮　7.居平　8.森平

藤内遺跡 9 号・14 号・16 号・19 号住居址・特殊遺構の発掘調査

富士見町教育委員会調査報告書『藤内』(2011) より

　本図録では昭和 37 年（1962）、井戸尻遺跡保存会による第 2 次発掘で出土した縄文土器・土偶のうち、9 号、14 号、16 号、19 号住居址、特殊遺構から出土した 15 点をとりあげる。

9 号住居址

　発掘当時の 9 号址の状態については、藤森栄一編『井戸尻』〈中央公論美術出版、1965〉で以下のように報告されている。

　　9 号址のプランは円形。規模は、径 5.4m で、南壁の一部を欠き、同所には二段にわたる階段が設けられている。すなわち、入口であろう。

　　壁外の施設としては、北壁外縁上面に、40cm の間隔で 11 個の垂木穴が穿たれていて、同穴中には炭化した木材が遺存していた。ただし、この小穴は、南半部分には確認できなかった。

　　床面上の施設としては、まず炉址が挙げられるが、中央には石囲炉 F1 が 7 個の自然石塊で、径 30cm の方形に築かれ、その西方 60cm に、同じく方形の炉址 F2 がある。炉石は抜き取られていて、F1 にわずかでも先行するものと思われた。この一隅からは炭化食品 1 個が発見されている。小破片であるが、後述する曽利 5 号出土の焼パン状炭化物に類似したものである。

　　石囲炉 F3 は、北東の壁に近く設けられている。内径 30 × 20cm で、これに接して P3 の焼けた柱の残部が立ち、大石皿が据えられている。附近から栗 5、胡桃 3 が検出された。なお、F1 の南方に 1 ピットがあり、うちには粘土が充満し、かたわらには花崗岩塊が置かれていた。

　　柱穴は、まず、入口の左右に 2 個ずつ穿たれ、それから周壁に沿って 1.5m の間隔で 5 本、間柱穴と目せられる小穴が 6 本穿たれ、主柱穴の P7 から P9 にかけては周溝が走っている。

　　ところで、この住居址の廃滅した原因は、火災によるものである。それも、完全燃焼にいたらぬうちに、何らかの事情で焔が止まり、蒸し焼きの状態になったらしく、この結果住居址内には、多量の炭化物が堆積し、その中からは原形を保つ建築材が数本発見された。P4・P5・P6 の主柱穴中には、柱基部が遺存していた。径 45cm の栗材である。また P4 の外側には、長さ 2m に及ぶ栗材が横たわり、先端より 20cm のところには幅 16cm、深さ 4cm のほぞ溝が切られており、そこには、これと組み合わされるほぞ材の残片が附着していた。これは縄文時代の技術が予想以上に高かったことを知る重要な発見であった。

　　この住居址の床面は、ローム層をつきかためた堅緻なものであったが、その上には、平均 15cm の厚さで炭化物が堆積し、層をなしていた。詳述するならば、炭層は出入口から 1m 北西に離れた地点から始まり、北するにしたがって漸次厚さを増し、北壁下では 15 〜 20cm 以上にも達した。その層序は、上部に草葉の炭化物が 2cm の厚さにあり、次いでそだの炭水化物が 5cm、最下層は再び草葉類の炭化物で、約 5cm の厚さがあった。

　　遺物はこの炭層中には全くなく、すべてが炭層の上部にあった。土器型式は同一で、井戸尻 II 式の良好なセットである。

　　F1 の北方約 1.5㎡の範囲内では、この炭層と遺物層の上に、特殊な炭化物が検出された。すなわち径 2 〜 3cm、長さ 1m 程度の炭化材が、格子目状に組まれたもので、その上には、炭化した栗が約 20ℓ かたまって採集された。そ

して、床面の北半部では、これらの栗の実を覆って、さらに広く 3～5cm に及ぶ炭層が重なっていた。その内容は径 1.5cm の細長い棒と茅の層であった。北に倒れた屋根材の炭化したものであろう。

このように、本址は、井戸尻Ⅱ式の時期の住居の一指標となったのみならず、縄文中期の住生活の復元に貴重な資料を提供した。住居址内における遺物の配列等については「住居ならびに集落の変遷」の項目でふれてみたい（下線は編者）。

(武藤雄六・小平辰夫)

9号住居址の発掘は6月9日から15日まで、前半の3日間は雨中の作業、後半の1日も雨で中断という悪天候の下で行われた[*1]。測量は間棹と折尺で行われたが、現場の記録図面は残されていない。いま特殊遺構と合わせた発掘報告の草稿と、その後に9号址だけについて書き改められた発掘報告の草稿、それに付随する遺構と遺物の配置図が保管されている。ただ特殊遺構の場合とは異なって、何枚かの写真が撮影されている。

発掘報告の草稿と井戸尻の記載とを比べてみると、後者は著しく省略されて要領を得ない。住居址の図には柱穴番号も深さの表示もなく、ただ土器番号が付されているだけである。しかも、11点の土器のうち（308・311・316・317）は互いに位置が違っている。こうしたことは編集上の初歩的な不手際、間違いというほかない。削って継ぎ合わされた記述も、元の原稿が長文であったとはいえ適正とは思われない。

まず、遺物の出土状態については、東壁上の3ヶ所より撮影した4枚の写真を繋ぎ合わせることで、およそ全体の様子をうかがい知ることが出来る。もちろん、円形の住居址内の俯瞰的な位置関係を正確に示すものではない。が、それと草稿ならびに図面に記される土器の位置とは、だいたい合う。

しかしまた、一枚一枚の写真にみる遺物相互の位置関係は図面と一致しないところが多い。土器や石器の発掘と、取り上げは雨の中で行われたから、見取り図ほどの記録しかとれない。それを間棹と折尺による遺構図に重ねたわけだから、全体として正確さに欠けるのは止むをえない。

さらに、遺物の出土状態の写真をつぶさに見ると、意外な過ちに気付く。それは井戸尻で特殊遺構の出土とされる（195）の土器が、二つの石皿（226）と（302）の中間の南側あたりに紛う方なく写っていることである。発掘後の遺物整理の時点で何らかの勘違いがあったものらしいが、50年近く思いもよらぬことであった。

つぎに、冒頭にあげた井戸尻の記述上の誤りを正すと、石囲炉F3の説明の後に「これに接してP3の焼けた柱の残部が立ち」というのは間違い。柱穴中に柱基部が遺存していたのはP4・P5・P6だけである。中段、P4の傍に横たわる柱材のほぞ溝の幅が「16cm」とあるのは、6cmの誤記である。

しまいの段落、炉址より北側の炭化材等に関するところは、やや長めな草稿の記述が短く整理されている。だがその結果、草稿にみる事実関係が損なわれている。

よって以下に、9号址について書き改められた草稿から事実関係の記述を抜萃し、付随する平面図（第1図）を添えておこう。その図面と井戸尻に掲載の図とは一部分を除いて合致するから、後者に拠って、草稿の図面にある石皿や石、水道管の埋設溝を加えることとする。ただし、石皿を除く石器の位置は、個々を特定できないので外しておく。また、その図面にある縦横断図を付しておく。縮尺は1:90を1:60に改めた。ただし、縦横断図には平面図と合致しない箇所がある。

なお、図中で北壁上にしるされた石皿1677は、草稿の遺物集計表で9号址周辺の特殊遺構に帰属させている。

9号住居址の発掘

発掘に際しては、水道管埋設溝がこの竪穴のほぼ中央を通過しているものとして、径8mの範囲を想定した。この部分の表土30cmを排土する。農道の部分は雑草の根や木の根が多く、作業ははかどらない。竪穴以外の部分は軟質ローム層に

1　清陵高校地歴部「富士見町藤内遺跡発掘調査報告」清陵第14号　193

当たり、遺物が出土し始めたが、竪穴の部分は黒土層でほとんど遺物は発見されない。

軟質ローム層中では、3月に発掘した特殊遺構の場合と同じ状態で、破損して復元不可能の土器3個分と有孔鍔付土器1個分とが軟質ローム中に掘込まれた穴に埋められてあつた。藤内Ⅰ式土器である。竪穴は、この特殊遺構を破壊して掘込まれていた。

竪穴の輪郭がはっきりしたので、まず、黒褐色の堆積土第二層を30〜40cm掘下げる。南半分では、遺物はほとんど発見されない。北半分では、20cm位掘下げると径5cm、長さ2〜3mに及ぶ炭棒が交錯して現れる。これ等の炭棒は、南壁から出ているもの程長く、北壁から出ているものは途中で折れて短い。これ等の炭棒の交錯点は、埋設溝の中心よりやや北寄りであった。

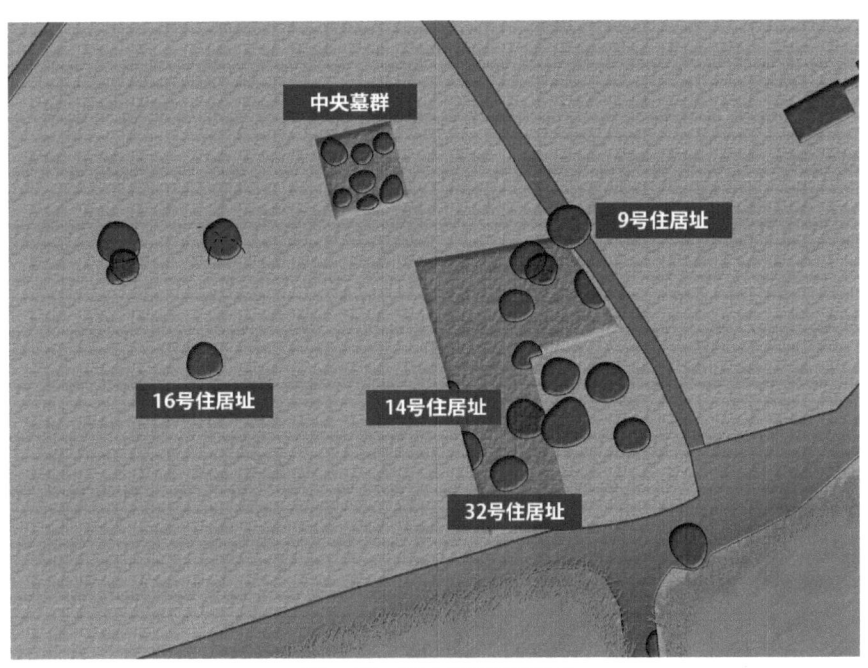

第1図　藤内遺跡遺構図

また炭棒には、径1.5cm位の細棒と茅の炭が厚さ2〜5cmの切れ端となって付着していた。

これ等の炭を記録して取除くと、土色は一変して黒土となり、栗の実の炭化したものが多量に発見された。栗の実は埋設溝の中心から北寄りに多く、ほぼ1.5m四方に集中して発見された。栗の実の分布した層は、床面上20〜40cm、炭棒の交錯していた直下で、この層には径2〜3cm長さ1m位の細炭が格子目状に現れた。

原形のままで掘出された栗は約2ℓ、見落とし及び破損して取上げ困難なものまで含めると20ℓ位はあったろう。栗は1ヶ所に集中され、ここ以外の上層はもとより、下層並びに南半ではほとんど発見されなかった。この第二層では遺物が少なく、栗の集中していた南端に土器があっただけである。

第三層の発掘にかかると、20〜30cmで硬いロームの敲床となる。第三層は、南三分の一では炭層は全くなく、南壁から1mあたりから始まってだんだん厚くなり、北壁付近では15〜20cmに及ぶ。土器・石器等遺物がぞくぞく現れる。遺物は、数片の土器を除きすべてこの炭層上にあったので、床面から10〜15cmの高さが普通であった。

まず、炭層上の黒色土を除く。木竹製品・植物性食物の発見に勉めたが、残念ながら発見できなかった。然し土器・石器・木片等は整然と置かれたまま出現した。そこで炭層と遺物はそのままにして、ロームの側壁にそって遺構の発掘に勉める。側壁から15〜20cm離れて柱穴9ヶ所、周溝が3mに亘って掘られていた。また主柱の炭化したもの5ヶ所、間柱の炭化したもの6本、炉址3ヶ所、粘土穴1ヶ所、垂木の植込み穴11ヶ所、出入口の土壇が発見された。

そこで、図の実測と遺物の記録写真を撮影して遺物を取上げる。記録写真のうち肝心の炭層・栗の実・炭棒等はことごとく失敗していたのには驚かされた。残念であった。遺物は土器12個、石器64点・黒曜石剝片15個・栗の実2ℓ・植物性炭化食品1個・炭化木片多数、その他であった。

遺物の下の炭層を取除く。炭層は平均、上部に草葉の炭化物が約2cm、次に粗朶の炭層5cm、最下層は草木葉の炭層5cmとなっていた。炭層中には遺物はほとんどなく、土器片数点と栗の実3個が認められたのみであった。炭層の下は、ロームが敲き固められ、ほとんど平坦となっていた。

遺物配置と遺構

第2図は、炭層上の遺物と炭層下の遺構との、即ち実生活面に配置された遺物と、炭層下床面の遺構とを組合せたもの

である。
　まず、竪穴の南壁、ロームの側壁の切れたあたりには、幅0.8m・長さ1.8m・比高7cmの土壇が二段ある。これは出入口であったろう。出入口の北0.6mには、幅20cm深さ45cmのピットがある。このピットは、西から東に向かって深くなっている。このピットの後ろには、長さ1m幅50cm高さ3cmの盛土がある。
　ピットの隣に土器（307・308）が置かれ、更に柱穴P1・P2が並ぶ。ピットの北0.5mには石皿（226）と平坦面を上にして立てられた高さ25cm径10cmの安山岩の石とが並ぶ。これには把手付椀（316）が伴う。また深さ10cmのピットが伴い、ピットには粘土が一杯満たされ、更にピットの横に粘土と花崗岩塊とが置かれていた。
　柱穴P2の上方0.6mに土器（311）があり、石を伴う。石の傍に間柱穴が、北向きの炭化柱を伴ってあった。この付近に黒曜石製の剝片石器8個と剝片15個、及び打製石斧5個とがあった。更に、木片多数と径1cm内外、長さ15cm位の竹材とがあった。
　この一団の北、水道制水弁から0.6mには、安山岩の転石7個からなる石囲炉址F3があり、側壁との間に石皿（225）が敲石1665を凹みに載せたままで発見された。柱穴P3は炉址と接し、炭化した柱は北西の方向に倒れていた。また、炉址付近からは石匙1個・凹石3個と栗5個・クルミ3個とが発見され、土器（312）が置かれていた。ここの間柱はやや北向きに倒れ、埋設溝によって基部が切取られた。
　柱穴P4は、制水弁の西1.2mにあり、径55cm深さ45cmで、中に径45cmの炭化した柱の基部が埋め込まれていた。床面から折れた柱は、西壁に向かって倒れていたが、床面からの長さ2m、背のさけた栗材を使い（この住居址の柱はすべて栗材を使用してある）、先端から20cm下がったところに幅6cm深さ4cmのほぞ穴が切込まれ、炭化したほぞ材が付着していた。更に、柱には打製石斧2個が打込まれていた。ここの間柱は、やや内向きであった。
　柱穴P5はP4の西方1.5mにあり、P4と同じく主柱の基部が炭化して埋込まれていた。炭化した主柱は2ヶ所折れ、西壁に達していた。またここの間柱は、北向きに折れていた。
　埋設溝の北では、ほぼ中心に浅鉢（317）があった外は凹石3個のみで、遺物がほとんどなかった。草葉等の敷物も厚く、15～20cmであった。また、垂木の差込み穴がロームの上限近くに40cm間隔で、炭化した垂木を残して11ヶ所発見された。
　柱穴P5の西南1.4mに柱穴P6があり、この炭化した主柱は西壁を越して外部にまで突き出ていた。柱穴P6の南1.3mには柱穴P7があり、その中間にある間柱と共に北向きに倒れていた。周溝はこの間柱穴から始まって、入口近くの主柱穴P9まで続いていた。
　柱穴P7の傍らには、各辺とも12cm長さ42cm、輝石安山岩の砥石のような石1666が据えられ、径10cm高さ10cmの石と半磨製石斧1個、黒曜石片8個、打製石斧10個と小形の土器（313）が置かれていた。柱穴P7の南1.5mに柱穴P8・P9と並ぶ。柱穴P7とP8との中間には間柱穴があり、この間柱穴は径15cm深さ5cmで炭化した間柱を伴う。柱穴P8付近には、打製石斧11個が整然と置かれていた。
　この竪穴の中心には、安山岩の転石7個からなる石囲炉址F1があり、凹石2個が北側に、東側には有孔鍔付壺（318）が立てられていた。また、北側には粗朶の炭が多く堆積していた。炉址F1の西0.6mには、石を抜取られた炉址F2がある。また、この炉址の西0.5mには、石皿（298）が据えられ、植物性炭化食品1個がF2の隅から発見された。炉址F1の南一帯には土器片極めて多く、丸石1669を伴った凹みの浅い石皿（302）・石鏃2個・石匙3個・磨製石斧2個・土器3個（309・315・310）が置かれていた。

特殊遺構

特殊遺構については藤森栄一編『井戸尻』〈中央公論美術出版、1965〉で以下のように報告されている。

　　発見された特殊遺構は次のような七つのグループの土器群を中心としたものであった（第3図）。
　　第一グループ　　調査区画の東隅に土器が3個体分、軟質ローム中に小さな穴を掘って埋められ、2個体分がロー

ム上面に置かれていた。住居址等とみられる遺構は全く認められない。土器は5個とも藤内Ⅰ式土器であった。

　第二グループ　　　無文の浅鉢形土器1個（202）と深鉢形土器1個（200）がローム上面におかれていた。前者には板状の石がのせられていた。

　第三グループ　　　土器は3ヶ所から出土した。そのうち4個は埋められてあった。（191）は硬質ロームに達する穴が掘られて埋められ、石皿と丸い石皿に似た盤石とが蓋状に載せられていた。この土器の東1.5mに（189）の土器が同じく埋め立てられ、そのなかに（188）の土器が逆さに伏せたままの形で入っていた。また、この土器の傍には、台付土器の破片と小形土器（199）が伴っていた。さらに、区画の北端では、軟質ローム上に、焼土と炭が摘出されたが、炉址とはっきり断定できる材料は発見できなかった。その他、竪穴住居址とおぼしき遺構も見出せなかった。

　第四グループ　　　区画の中心部附近で、5個の石がほぼ円形に配置され、その周囲に土器（194）と破片一個分が置かれ、東に有孔鍔付土器（192）が埋め立てられていた。

　第五グループ　　　ほとんど同形の土器4個が、2個は置かれ、2個は埋め立てられていたが、完形に復原できたのは（190）の土器1個だけであった。ここでも住居遺構は全く認められなかった。

　第六グループ　　　土器4個が、第五グループと同じく2個は埋め立てられ、2個は置かれていたが、復原できたのは（196・198）の土器2個であった。

　第七グループ　　　このグループは石皿と土器片数点が発見されたのみであった。

これら七グループのそれぞれの間は、軟質ロームの軟らかい基盤で、遺物はほとんど発見できなかった。また、中心の第四グループの周囲が幾分踏み固められたらしく、軟質ロームが硬くなっており、第二グループ（202）の土器から第七グループにかけて、軟質ロームと褐色土層の下部に、幅50cm、長さ10mにわたって、非常に堅い帯状の部分が認められた。

特殊遺構の性格

　この発掘区画内では、第四グループを中心にして、六グループの土器群が円形に配置されており、いずれも、住居址の遺構は全く認められなかった。また、ローム層の上面は、北から南に向かって傾斜し、それにしたがって傾斜した軟質ロームの同一面上に、遺物は配置されていた。中心の第四グループが最も整った配置を示し、その他の各集団は、第三グループを除き大同小異であった。この遺構は一種の祭礼址であるのか、竪穴を欠く夏期間の平地住居址の一種か、それとも墳墓様遺構なのか、いまただちにその帰趨を明らかにすることは困難である。しかし、現在までに知られた竪穴住居址の遺構とは、全く異なり、さりとて単なる遺物包含層でないことは、ほとんどのグループの土器が、半数は軟質ロームを掘り下げて埋め立てられていたことからわかる。

　石皿を除く石器はきわめて少なく、また遺物が埋没するまでに相当の時間が経過していることは、発見された土器の個体数の割合に、完形復原可能土器が少ないこと（14個）で証明され、さらに既調査の9号址および10～18号に至る竪穴住居址の位置からみると、それら住居址群が取り巻くような状態であって、特殊な遺構として、今後に大きな問題をもつものであろうと考えられる。

　幸いに、この藤内遺跡には、この南方にいま一群のこうした特殊遺構があることが、水道管埋設工事の際発見されているので、今後の調査によって、この遺構で確証され得なかった事項が明確にされるだろうと信じている。

（武藤雄六）

　土器や石器の出土位置の測量は、間棹と折尺によって行われた。現場の記録図は残されていないが、机上で整理された図が保管されている。それを、以下では元図と呼んでおこう。また、発掘報告の草稿も保管されている。しかし写真は、もともと撮影枚数も少なかったらしく、わずか7枚しか残されていない。

　主たる土器の出土位置は18ヶ所で、番号が振られた。それ以外にも、土器の出土位置が記されている。打製石器10点と磨り石・凹石18点の位置も記録された。しかし、図には番号が振られていないので、個々の石器を特定することができ

ない。元図と井戸尻に掲載の図とは一部を除いて合致するから、双方に依拠して図を作り直し、1：150の縮尺を1：100に改めた。

　井戸尻に掲載された土器は15点であるが、先に述べたように（195）の土器は9号住居址のものである。その後の整理作業で16個体分が図化された。ただし、その半数の出土位置は不確かである。また特殊遺構の土器はすべて藤内I式とされたが、同II式や井戸尻I式も存在する。

　まず、全体として理解しにくいのは、土器の出土状態について「埋められ」「埋め立てられ」「置かれ」という三様の表現である。これについて第9号住居址に関する記述の冒頭では、特殊遺構にも言及して「特殊遺構は、地表下30cmからあらわれる軟質ローム面に、小さな穴を掘って底を埋めた藤内I式土器4点（うち2点は有孔鍔付土器）を直立させたものである。」とある。4点は14点の誤記である。

　また、草稿では「遺物のうち土器の大半は軟質ロームを掘り込んで器体の半分位を埋め立ててあった。軟質ローム上にはわずか5個分（破片で復元出来ない物）が置いてあっただけで他の13個（破片で復元出来ない物を含む）は立ててあり、石器はすべて軟質ローム上に放置されてあった。」と記されている。元図では「立てた土器」「置かれた土器」と区別されている。

　個体数のことはおいて、そういった記述に本意がうかがえる。つまり、程度の差はあれ軟質ロームを掘ってそこに土器を立て据えた状態と然らざる状態とを指している。とはいえ、そうした表現が必ずしも適確であったとはいえないだろう。

　第一グループ　　3個体分が埋められ、2個体分が置かれていたと記される。元図には立てた土器1ヶ所、置かれた土器2ヶ所が記録されている。すると、立てられた土器3個体分は同じ場所にあったということだろうか。いま、5個のうち2個を明らかにしうる。243と258である。

　第二グループ　　土器は2個と記されるが、元図では3ヶ所である。草稿にも3個と記される。井戸尻の図で土器（202）の位置は、その南側の円い石の位置の誤り。浅鉢形土器には「板状の石がのせられていた」という記述のとおりである。その6の位置にあったのは（193）であったが、漏れている。3ヶ所とも土器を特定できる。

　第三グループ　　記述と図は合っている。

　第四グループ　　元図では3ヶ所から土器が出土している。井戸尻の図で、土器（194）の位置は誤り。そこは「破片1個分」と記述される土器片の位置であり、254が該当する。（194）はそれより東側、3の位置である。

　第五グループ　　ほとんど同形の土器4個が、2個が置かれ、2個は埋め立てられていたと記される。元図もそのように表示されている。が、元図では置かれていた10が井戸尻の図では立てられた表示になっている。いま11は不詳だが、9と15は土器が特定される。237と255である。10には破片234も加わる。10に当たる土器（190）と9の土器237は、器形が似る。しかし「ほとんど同形の土器4個」という記述を満たすのは無理である。

　第六グループ　　4個のうち2個は埋め立てられ、2個は置かれていたと記される。元図には5ヶ所が記され、立てた土器がもうひとつあり、13の番号が振られている。いま13と17も土器を特定できる。253と231である。13の土器253はその大きさや現存部分からみて、立っていた可能性が十分にある。18には248が加わる。

　第七グループ　　井戸尻の図には、埋め立てられた土器の表示がある。元図もそうなっている。しかし「石皿と土器片数点が発見されたのみ」という記述とはしっくりしない。

　以上の点をふまえて、元図に拠って作成し直したのが遺物配置図（第2図）である。

　井戸尻の記述の結びでは「この南方にいま一群のこうした特殊遺構があることが、水道管埋設工事の際発見されているので」と述べられている。これは、第9号住居址に関する記載の冒頭で特殊遺構に言及して「その地点は、2号址の北北東30m、未調査のいま一つの特殊遺構から計れば、その南隅から南南東に向かって約20mにあたる。」というのに対応する。しかし、双方の記述は整合しない。そもそも後者は記述じたい、極めて理解し難い。

　ただし、その文章に続けて「そして、5月調査の住居址は、この特殊遺構の南半部を破壊して、ローム面下に床面を構築していたもので、宮坂調査の8号址に続けて9号址と呼称することにした。9号址が切っている特殊遺構の調査については、

耕地の関係上後日にゆずった。」とある。5月は6月の誤記だが、こちらなら前の記述と合う。

第14号住居址

　第14号住居址は、昭和59年（1984）富士見町教育委員会による第3次発掘調査の際、発見された（第4図）。
　南北6m、東西5.8mの円形を呈する。ロームの掘り込みは北側で41cm、南側で17cm。往年に発掘されているが、周壁に沿う1〜1.5m幅の範囲の三角堆土はそのままであった。
　壁の直下には跡切れ跡切れに周溝が廻っている。東側半分には周溝が2本みられることから、建て替えによる拡張がなされたものと判断される。柱穴は、1〜7が程よく配置されている。8〜10もこれらに準ずる柱穴とみられる。9は埋められていた。東側半分は柱穴を結ぶようにして、16外側が4〜10cm高くなっている。いっぽう西側は、段はないもののそれに対応するかのように、内側へ緩く傾斜している。床は堅固で、鋤簾で削ると直上の堆土がペラペラと剥がれてローム床が露わとなった。
　炉は、手頃な安山岩礫を時計回りの円形状に組み、西辺に土器の欠けら4を充てている。炉床は擂鉢状に凹み、15cm厚に焼けている。また、東北側と西南側の炉辺が径70cmほどに赤く焼けていた。穴15の北の縁も少し焼けていた。
　11〜17は似通った規模の穴で、14〜17は巾着形をしている。貯蔵穴であろう。総じて炭混じりの黒褐色土がつまり、底に移るに従い黒味は減ずる。13は、深さ10cm以下がロームの赤土で埋められていた。14の縁には安山岩礫が二つ置かれ、底には99・100・104の凹石があった。やはりローム塊で埋められていたが、底近くは、さいころ大のロームの混じる黒土が堆積していた。残されていた遺物のうち石器は、打製石器と磨り石・凹石などが揃っている。土器は整理箱で3箱余り、ほとんど藤内I式で、井戸尻I式の破片も少し混じっている。藤内I期の住居址である。（樋口誠司・小林公明）

第16号住居址

　第16号住居址については、土偶が1点出土したことが、藤森栄一編『井戸尻』に見えるが、住居址の詳細については記載がない。本図録ではその「蛇を戴く土偶」を取りあげる。

第19号住居址

　第19号住居址については、深鉢が1点出土したことが、藤森栄一編『井戸尻』に見えるが、住居址の詳細については記載がない。本図録ではその「深鉢」を取りあげる。

藤内遺跡9号・14号・16号・19号住居址・特殊遺構の発掘調査

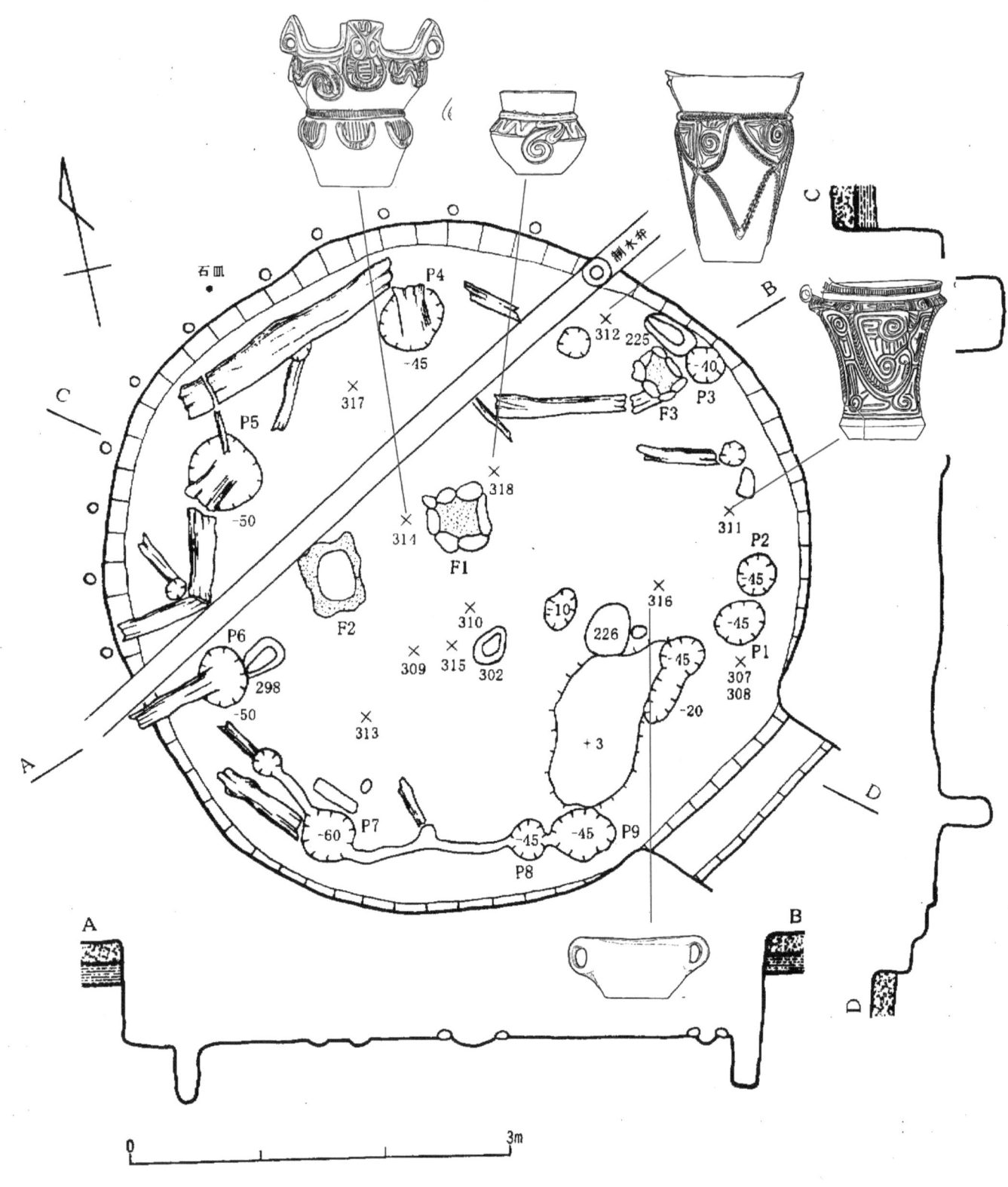

第2図　9号住居址の遺物（1：60）　遺物番号は全て『井戸尻』所収の番号

藤内遺跡9号・14号・16号・19号住居址・特殊遺構の発掘調査

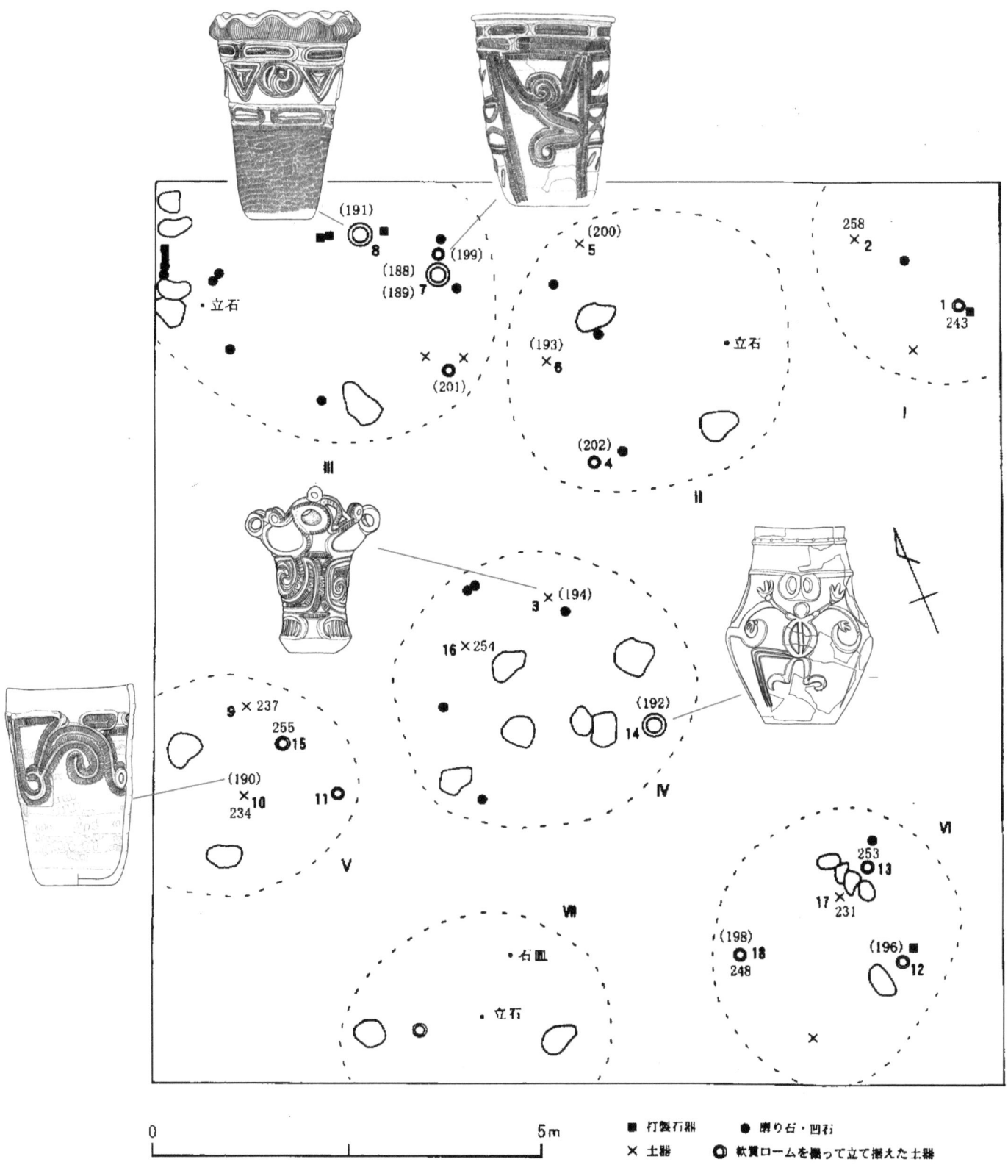

第3図　特殊遺構（1：100）　　遺物番号は全て『井戸尻』所収の番号

藤内遺跡9号・14号・16号・19号住居址・特殊遺構の発掘調査

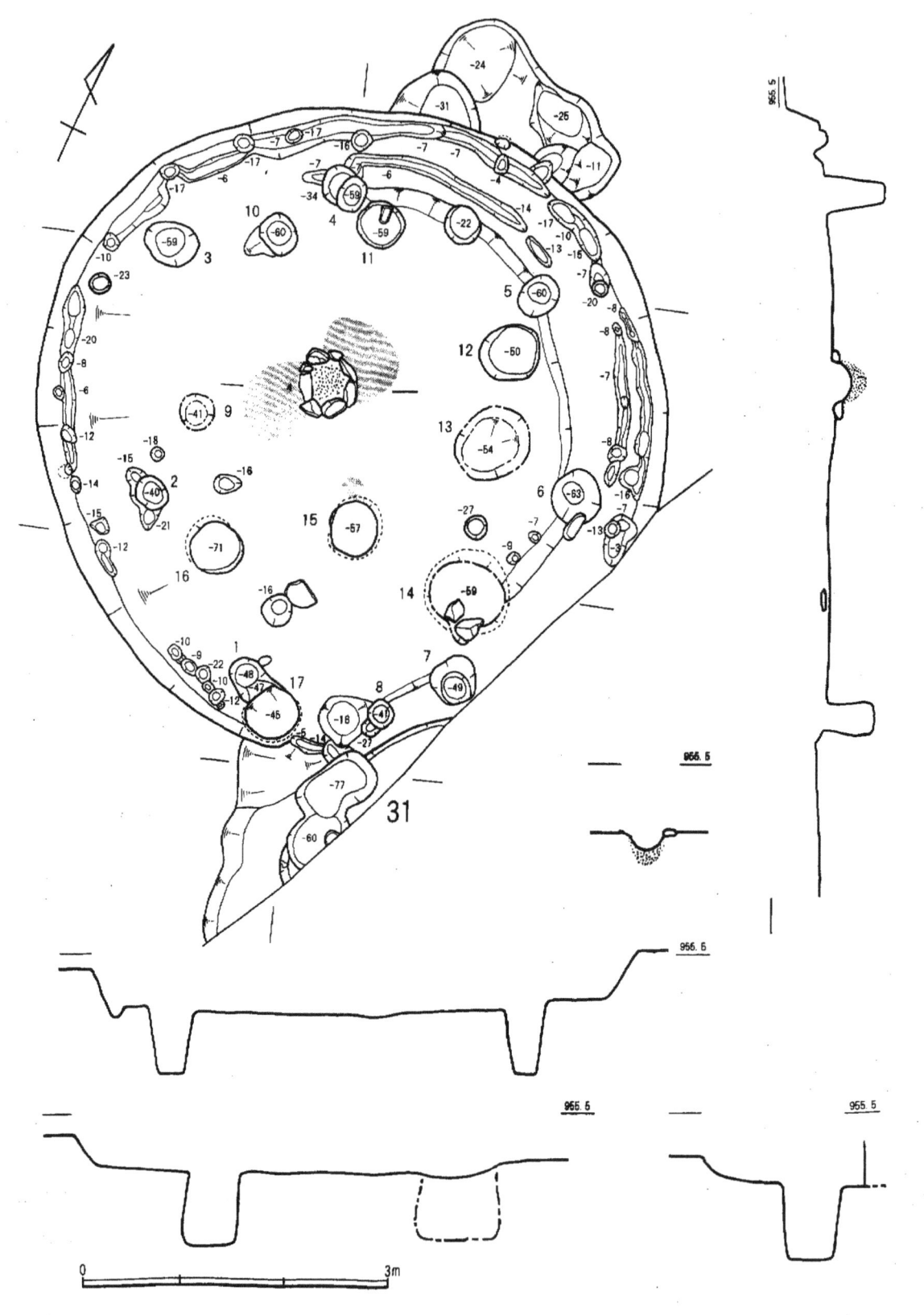

第4図 14・31号住居址（1：60）

図　録

蛇文蒸器形深鉢（じゃもんむしきがたふかばち）
藤内遺跡（とうないいせき）
井戸尻Ⅰ式
藤内9号住居址
昭和37年（1962年） 発掘
縄文中期中葉
約4500年前
32.4cm(高さ), 24.5cm(口径)
井戸尻-P97, No.314　　藤内-P315, No.221
ID-029

　この蒸器形深鉢は、およそ半分が現存する。双環を伴う方板状の造形が口縁の四方に配され、方板の中央に円孔が貫通する。双環に接しては歪んだ環状文が表され、中間には三角頭の蛇文が置かれる。四方のうち完全なのは一面のみで、その右隣りは頭部のみが残存する。左隣りでは3本指の表された腕先が巻く部分だけ残存する。あとの一面はすべて欠損している。腰部には6個のいわゆる櫛形文がつく。

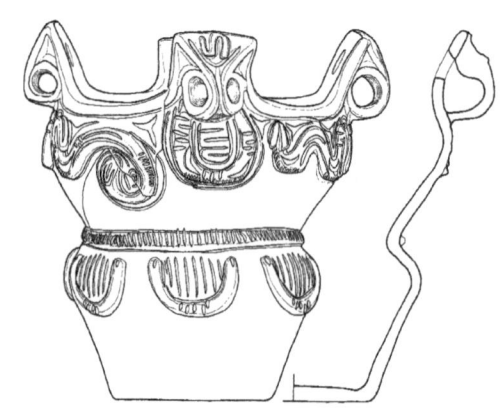

蛇文蒸器形深鉢（じゃもんむしきがたふかばち）

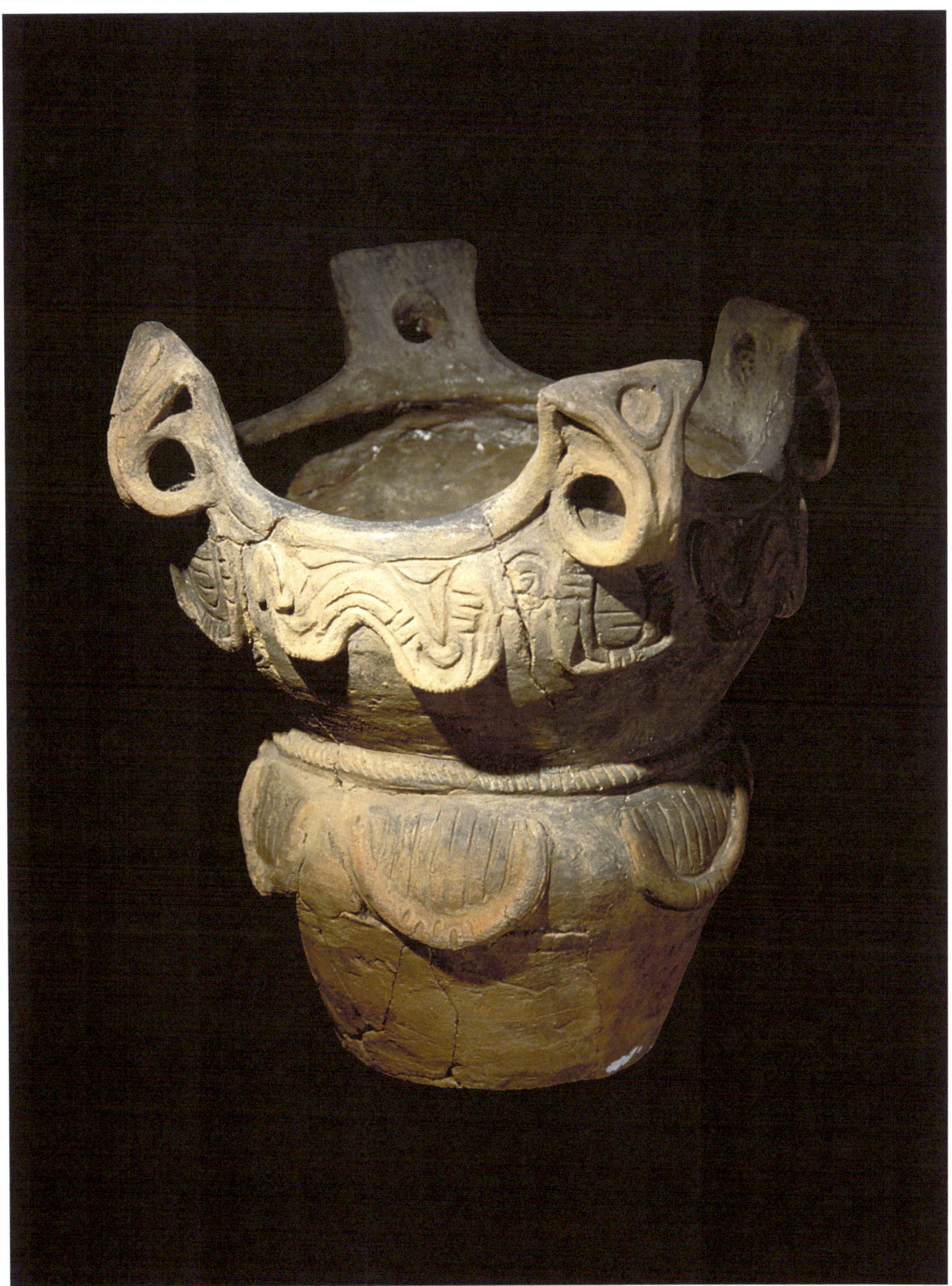

蛇文蒸器形深鉢（じゃもんむしきがたふかばち）

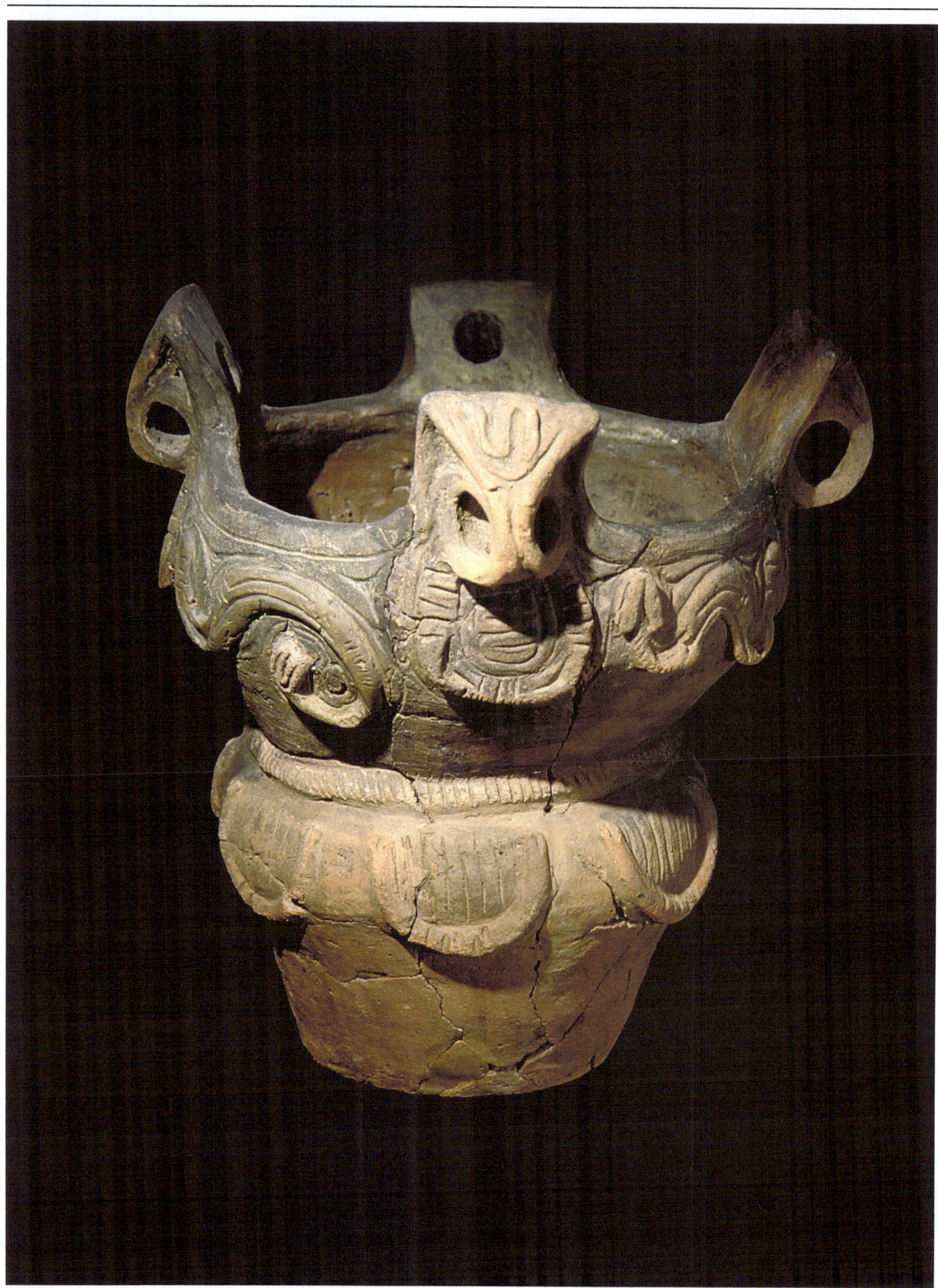

蛇文蒸器形深鉢（じゃもんむしきがたふかばち）

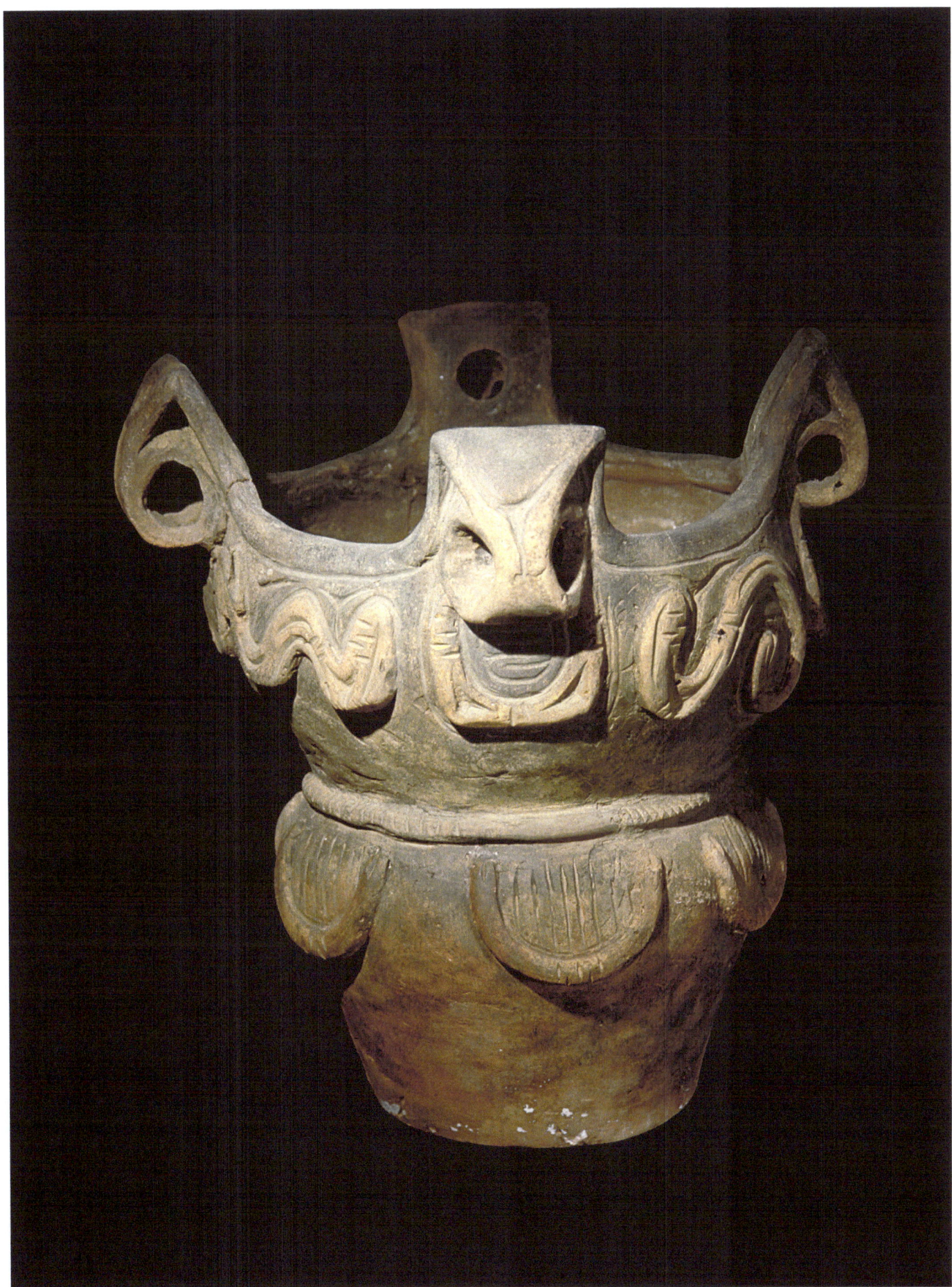

蛇文酒壺（じゃもんさけつぼ）
藤内遺跡（とうないいせき）
井戸尻I式
藤内9号住居址
昭和37年（1962年）　発掘
縄文中期中葉
約4500年前
12.2cm（高さ）, 11cm（口径）
井戸尻-P97,No.318　　藤内-P315,No.224
ID-049

　小形の有孔鍔付土器。とぐろを巻いた三角頭の蛇が一対表わされている。上側の吻端はいずれも僅かに高くしている。孔の数は14。肩部に波形もしくは蛇行形が浮き彫りされている。

　器面の内外には、漆と目される黒色の膜が僅かに残っている。また底の外周が5mm幅で擦れている。

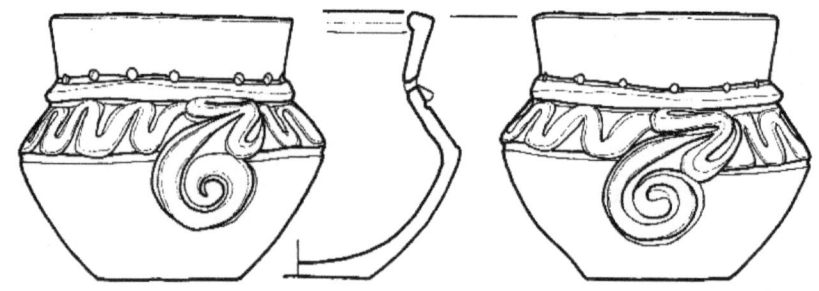

蛇文酒壺（じゃもんさけつぼ）

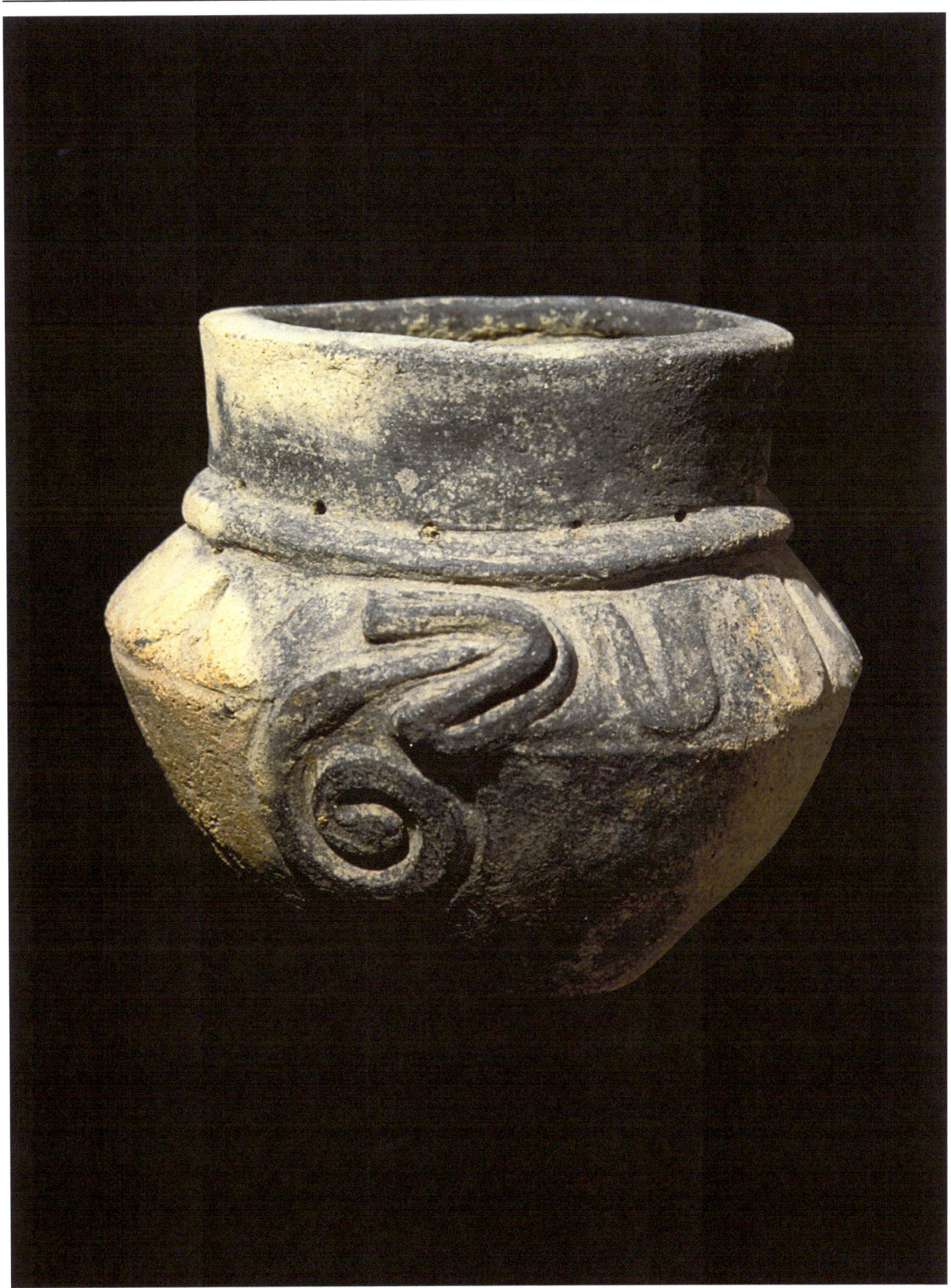

蛇文酒壺（じゃもんさけつぼ）

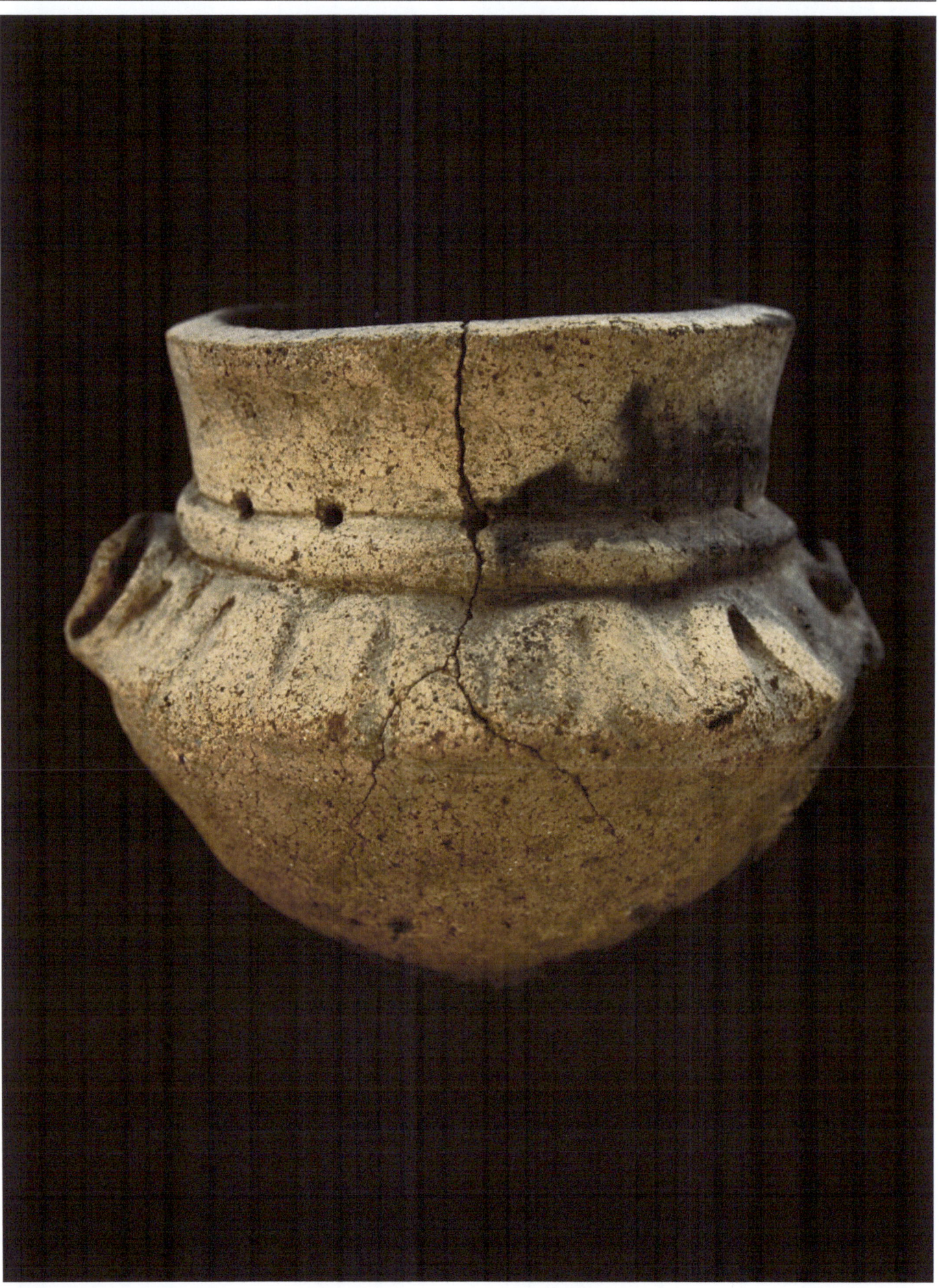

蛇文酒壺（じゃもんさけつぼ）

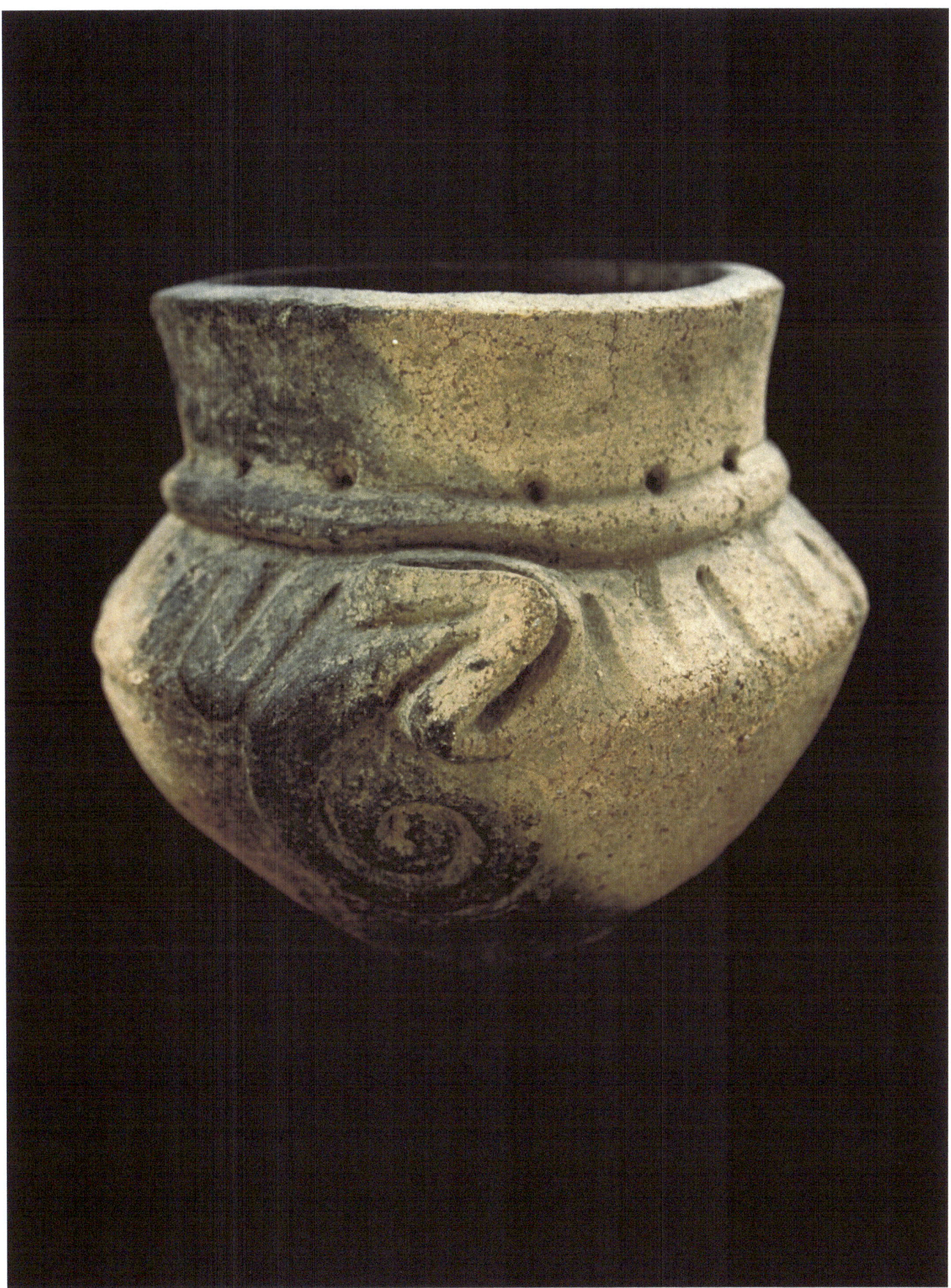

23

両耳埦（りょうじわん）
藤内遺跡（とうないいせき）
井戸尻Ⅰ式
藤内9号住居址
昭和37年（1962年）　発掘
縄文中期中葉
約4500年前
8cm（高さ）, 10.5cm（口径）
井戸尻-P97, No.316　　藤内-P315, NO.226
ID-068

　この両耳椀は、外面がやや凸凹したつくりである。半面の底部から中腹にかけては、15mm幅の弓なりにタール状の付着がある。

　内面は、口唇に沿って30mm幅で焦げ付きのような付着物がみられる。

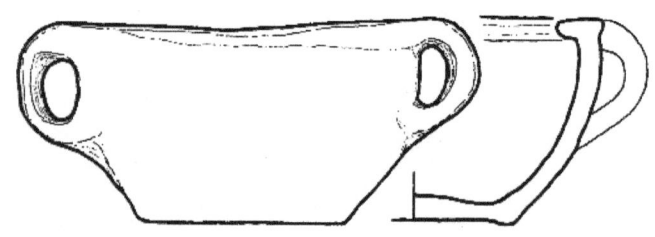

両耳埦（りょうじわん）

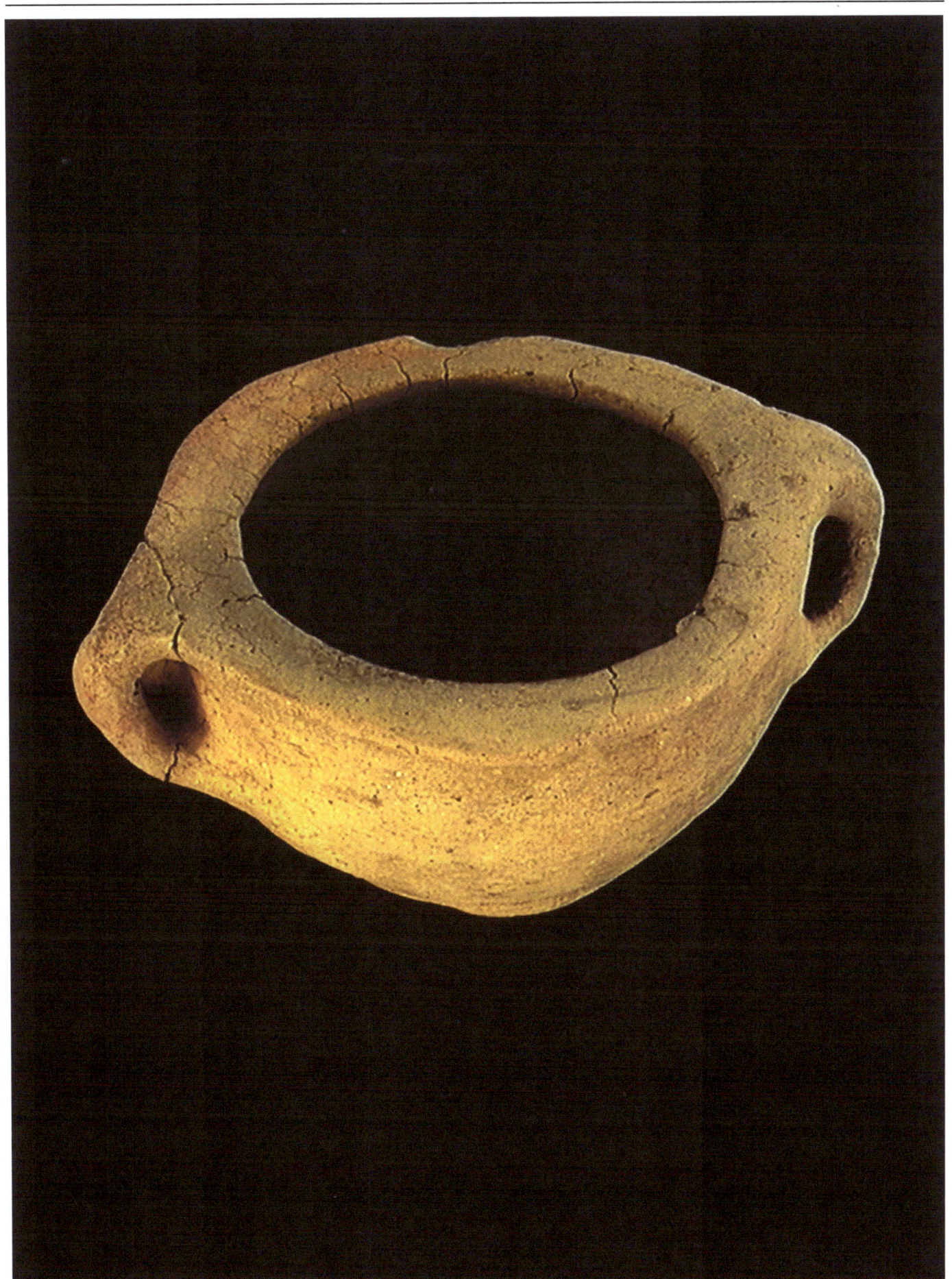

両耳埦（りょうじわん）

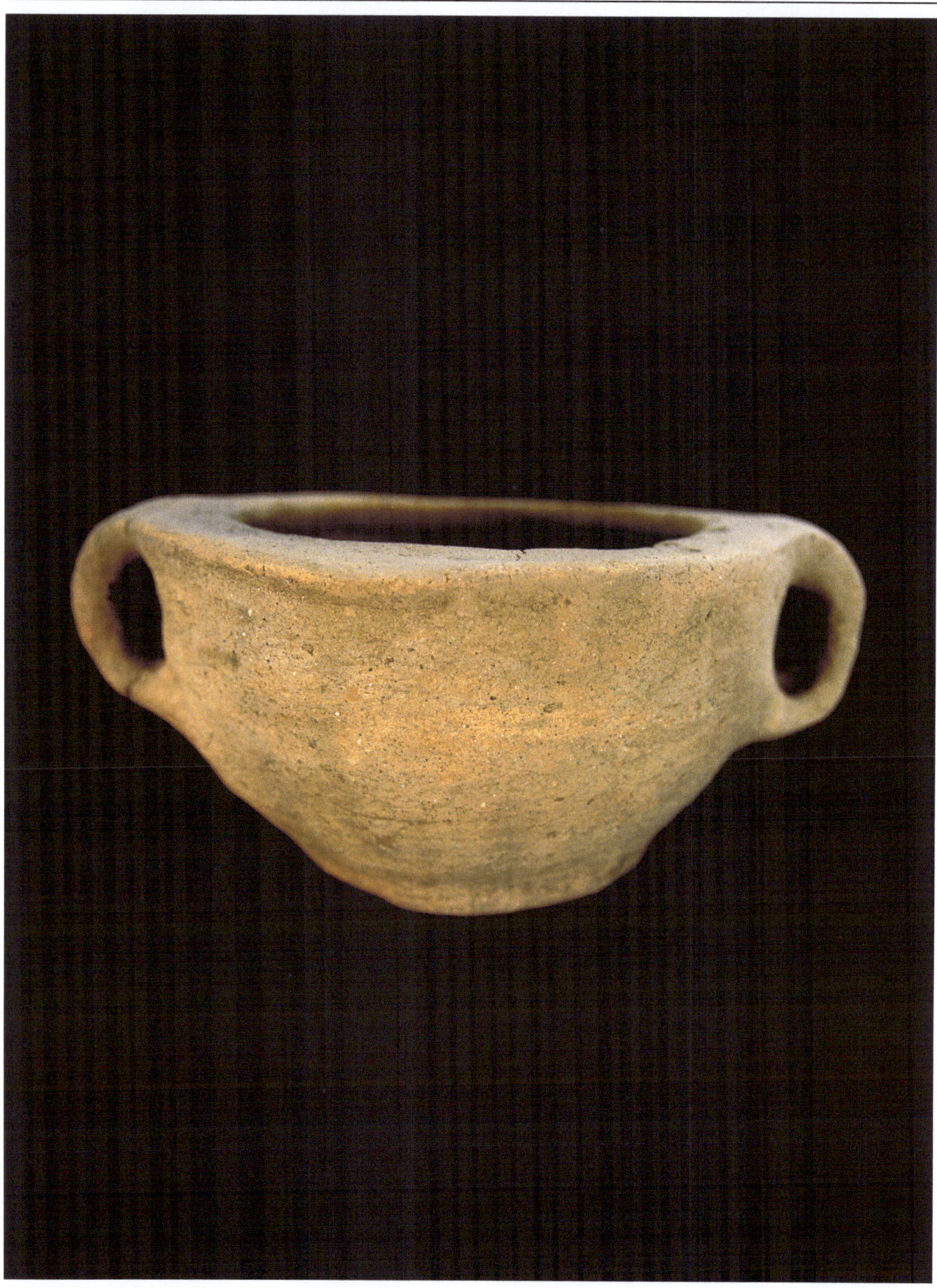

両耳埦（りょうじわん）

両耳埦（りょうじわん）

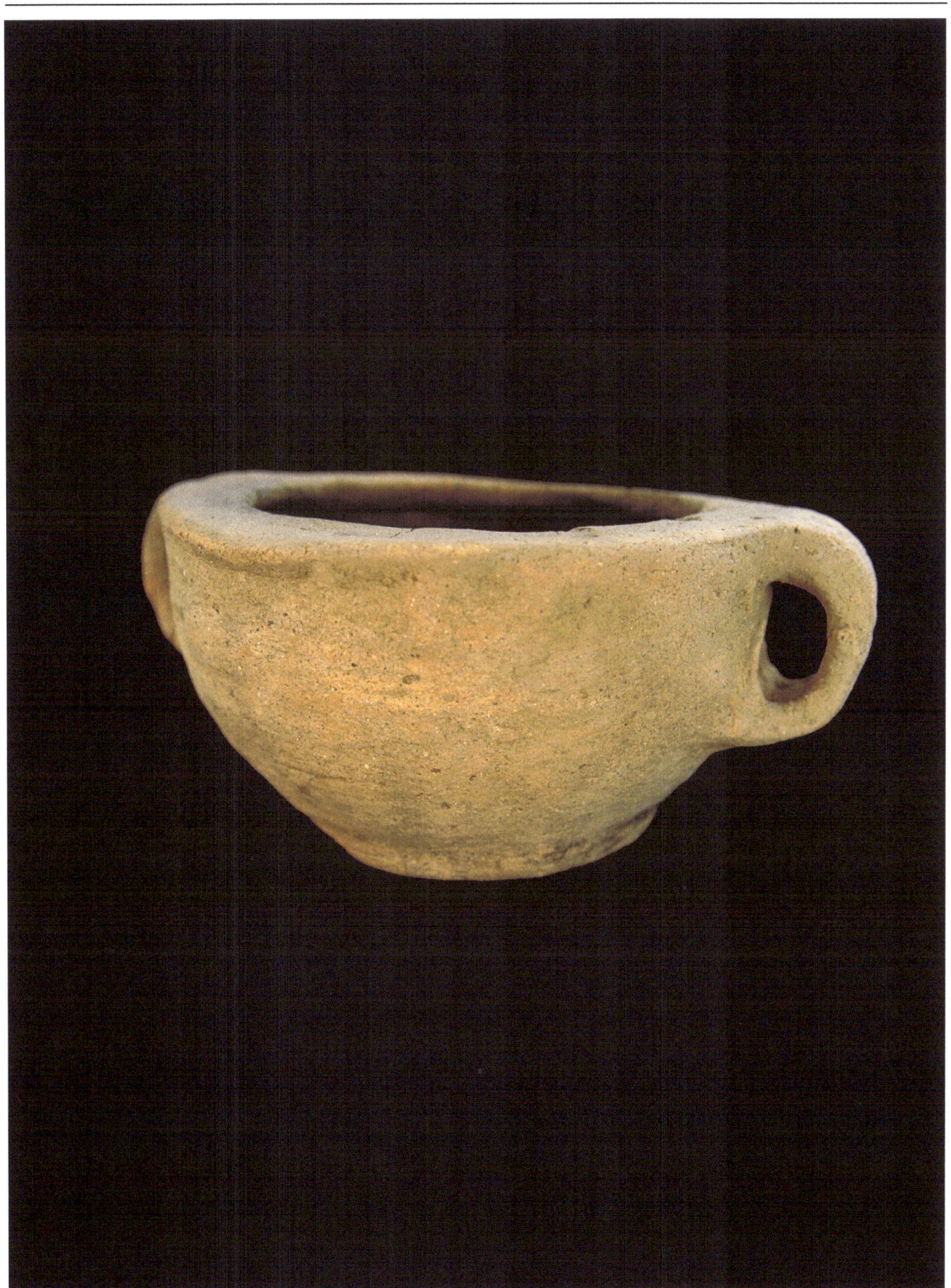

神像文系深鉢（しんぞうもんけいふかばち）
藤内遺跡（とうないいせき）
井戸尻Ⅰ式
藤内9号住居址
昭和37年（1962年）発掘
縄文中期中葉
約4500年前
26.4cm(高さ), 21.7cm(口径)
井戸尻-P97, No.311　　藤内-P314, No.216
ID-074

　この深鉢は、傘形凸帯がいたるところで逆三角形にせり出す。やはり棒状とJ字形の隆線が組み合わさり、表裏に一対である。J字の鈎の部分は平たく作られている。中間には短い降線が下がる。

　丁寧なつくりで鈍い光沢があり、外壁の上半に煤がつき、内壁の中位が4cm幅で肌荒れしている。

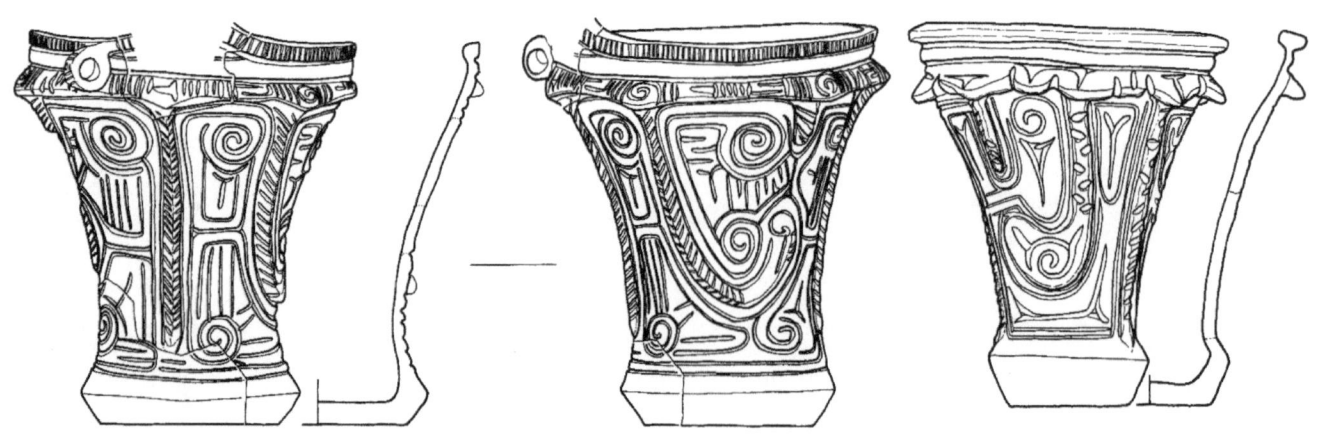

神像文系深鉢（しんぞうもんけいふかばち）

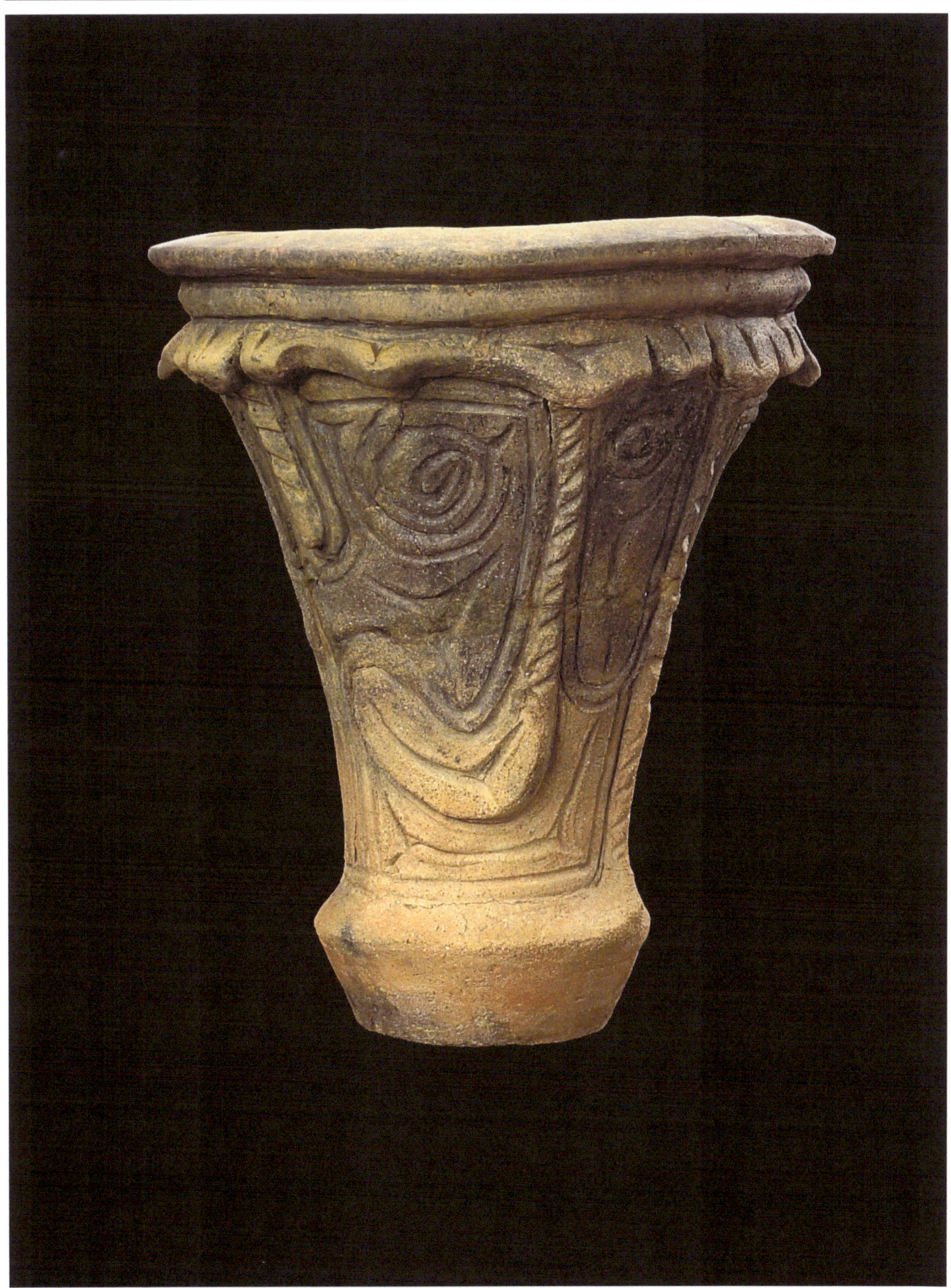

神像文系深鉢（しんぞうもんけいふかばち）

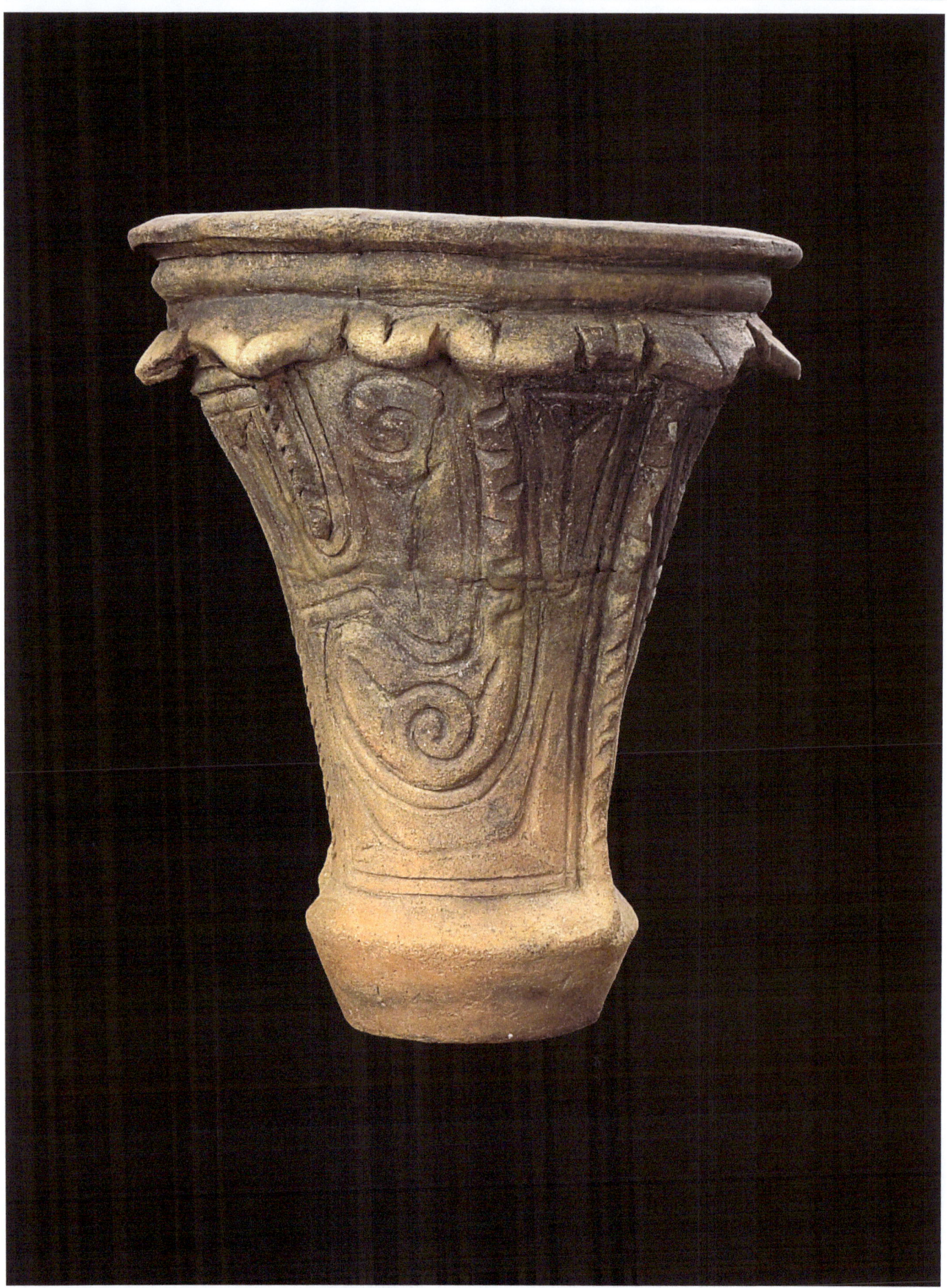

神像文系深鉢（しんぞうもんけいふかばち）

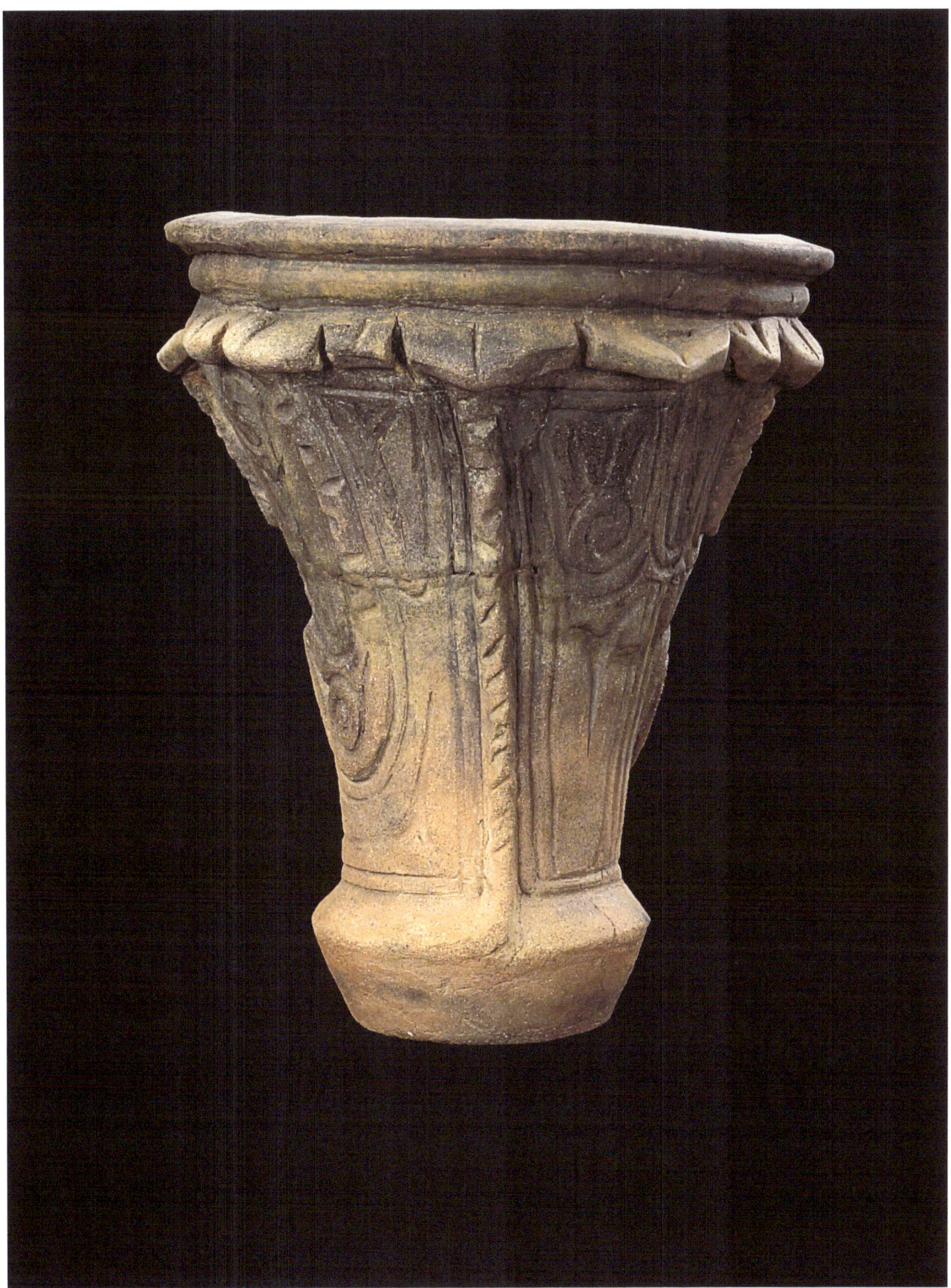

菱形蛙文深鉢（ひしがたかえるもんふかばち）
藤内遺跡（とうないいせき）
井戸尻Ⅰ式
藤内9号住居址
昭和37年（1962年）　発掘
縄文中期中葉
約4500年前
27.3cm(高さ), 18.5cm(口径)
井戸尻-P97, No.312　　藤内-P315, No.223
ID-075

　この深鉢は、口唇のこちらと向こう側が外反するように尖り、綾杉文のついた細い隆線が垂れている。これらの両面側を上下に対応し合う隆線がめぐり、四つの菱形がつくられている。四肢を連ねた菱形の蛙であり、垂下する一対の隆線は脊柱と見做される。上側の前肢に当たる半月形の中は渦巻きや環形、三叉状の陰刻が施される。隆線の綾杉文や両側に添えられた押引きの列点文は細密にして鮮明である。

　胴の上半から口縁部には煤の付着がみられ、内壁の頸部から下方にかさぶた状の焦げ付きがみられる。

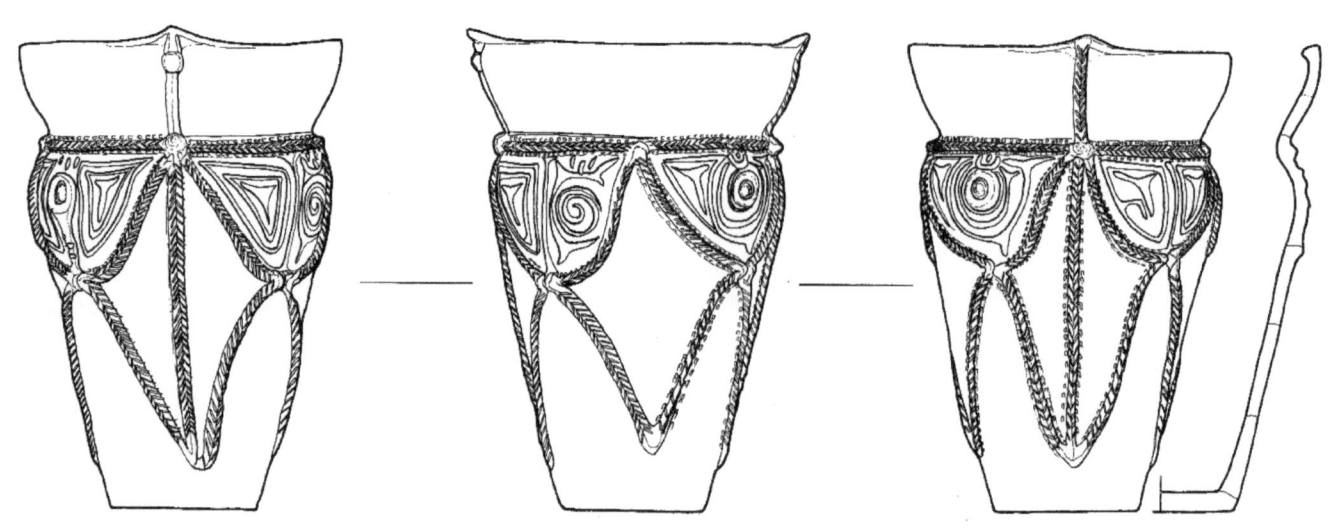

菱形蛙文深鉢 (ひしがたかえるもんふかばち)

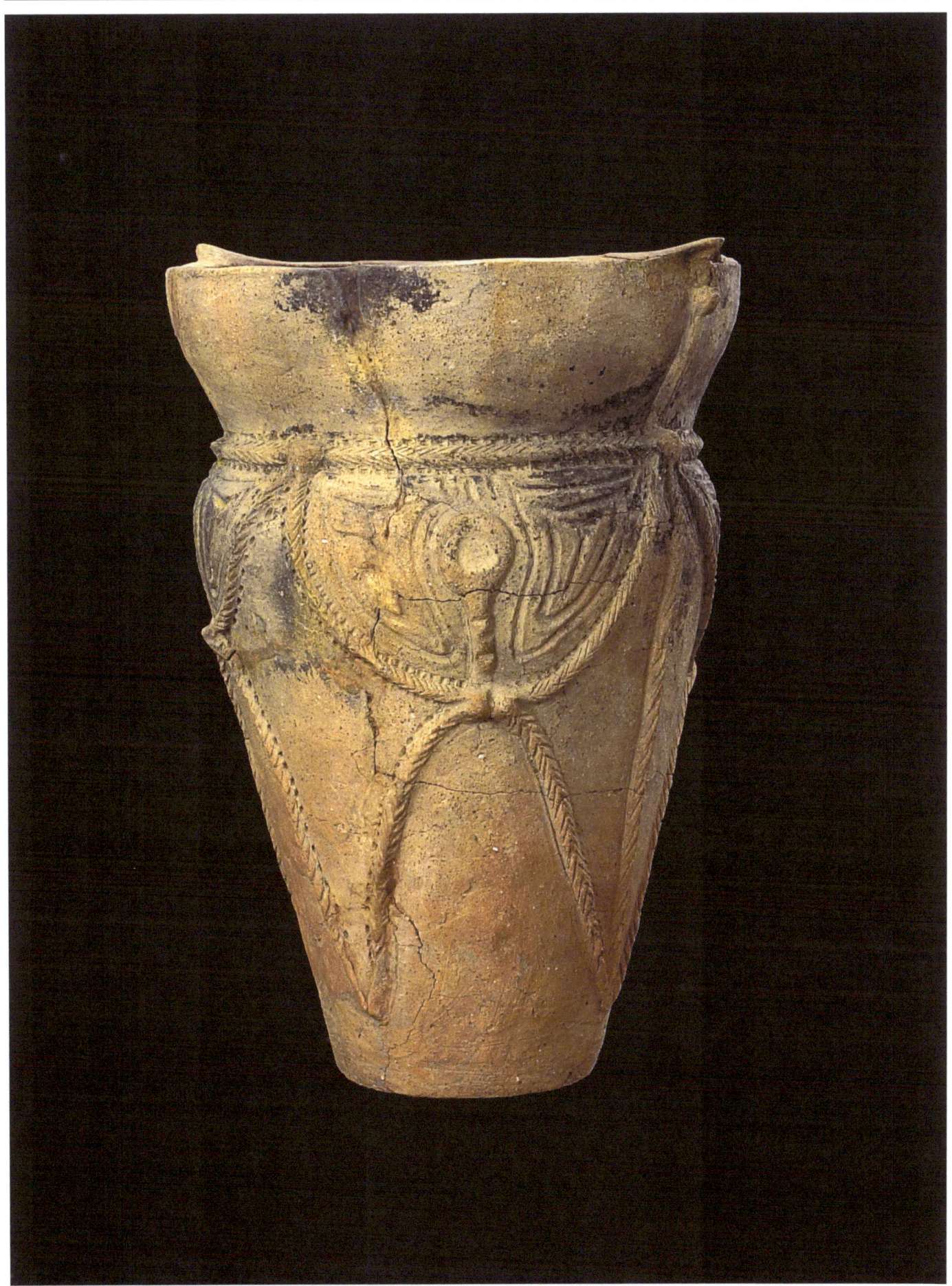

菱形蛙文深鉢（ひしがたかえるもんふかばち）

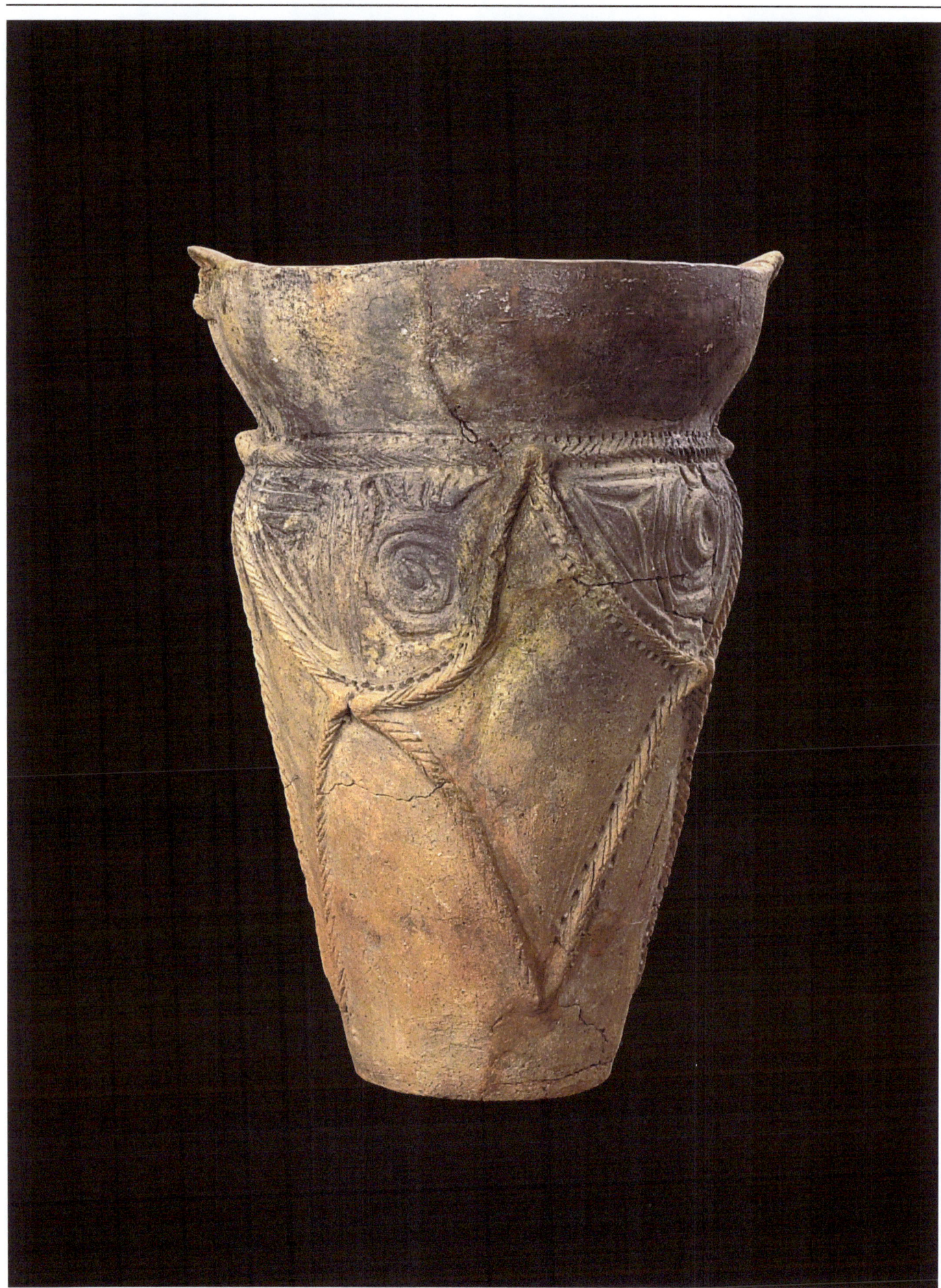

菱形蛙文深鉢（ひしがたかえるもんふかばち）

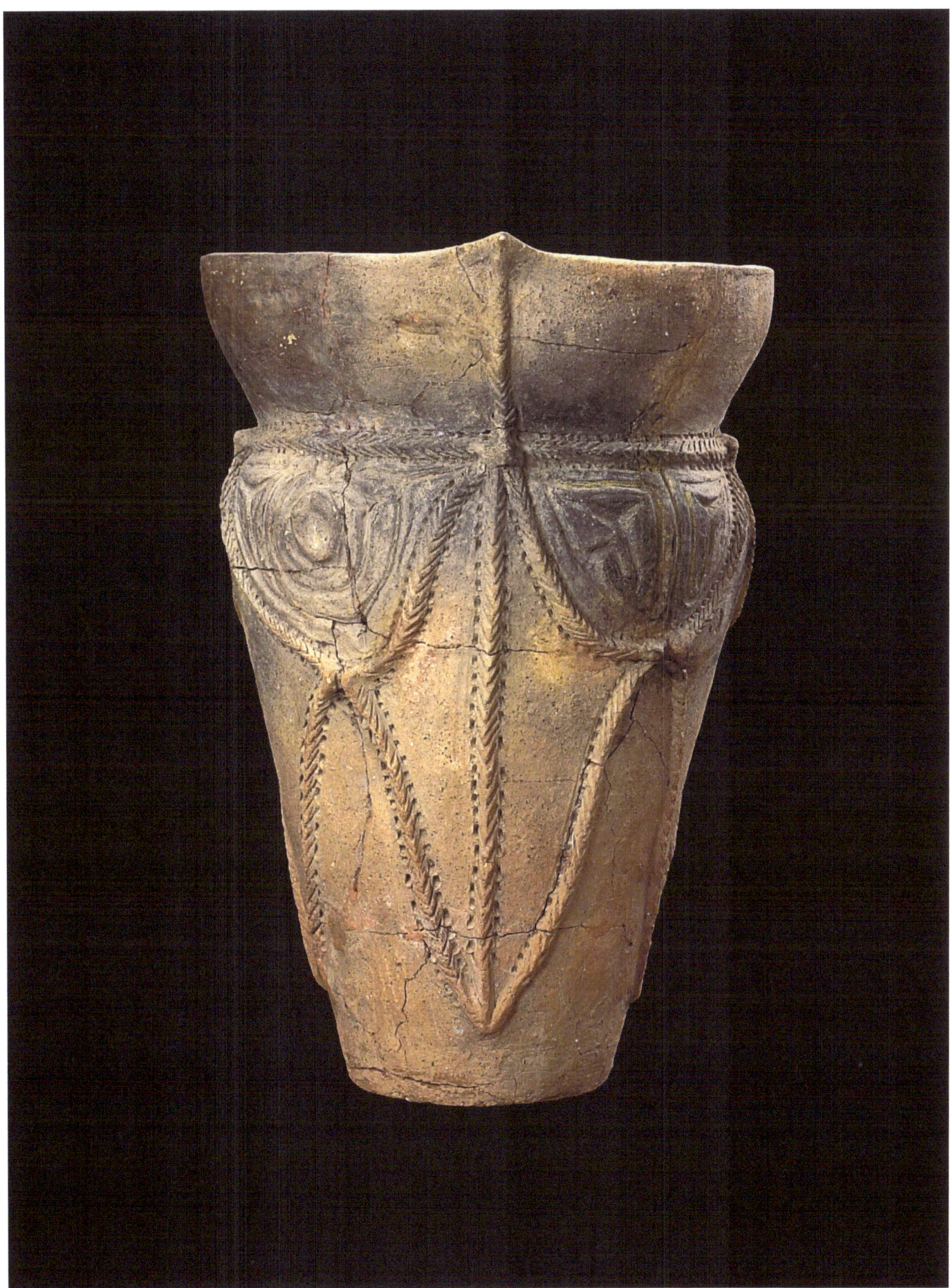

蛇文神像文系深鉢（じゃもんしんぞうもんけいふかばち）
藤内遺跡（とうないいせき）
井戸尻Ⅰ式
藤内9号住居址
昭和37年（1962年）　発掘
縄文中期中葉
約4500年前
36.9cm(高さ), 24.3cm(口径)
藤内-P313, No.214
ID-080

　この深鉢は「フ」の字形の屈折口縁に尖峰形の突起を戴き、その頭頂に蛇頭が表わされる。尖峰形は空洞で、前後左右に円孔が貫通する。左右の口縁には、環形を従えている。

　胴の上半には逆三角形の背が表わされる。これは32号住居址の神像筒型土器の背と同じであることが知れるだろう。脊柱が背を二分し、刻みのついた瘤をあいだに置いて、矢印形の文様が表されている。反対側の口縁には菱形に凹ませた文様があり、三叉状陰刻などを伴う平たい隆帯が垂下し、刻みのついた瘤をあいだに置いて、鉤形に曲がっている。底の大部分は欠損しており、復元である。器面を縄文で埋めたあと、連弧状に切って磨り消している。そこはいくぶん段差がつく。その弧線で画したなかも円く磨り消して凹ませ、1ヶ所は釣針形に消している。

　胴の上半に僅かに煤けがみられ、胴下半にお焦げがついており、底に近いほど厚く残着している。

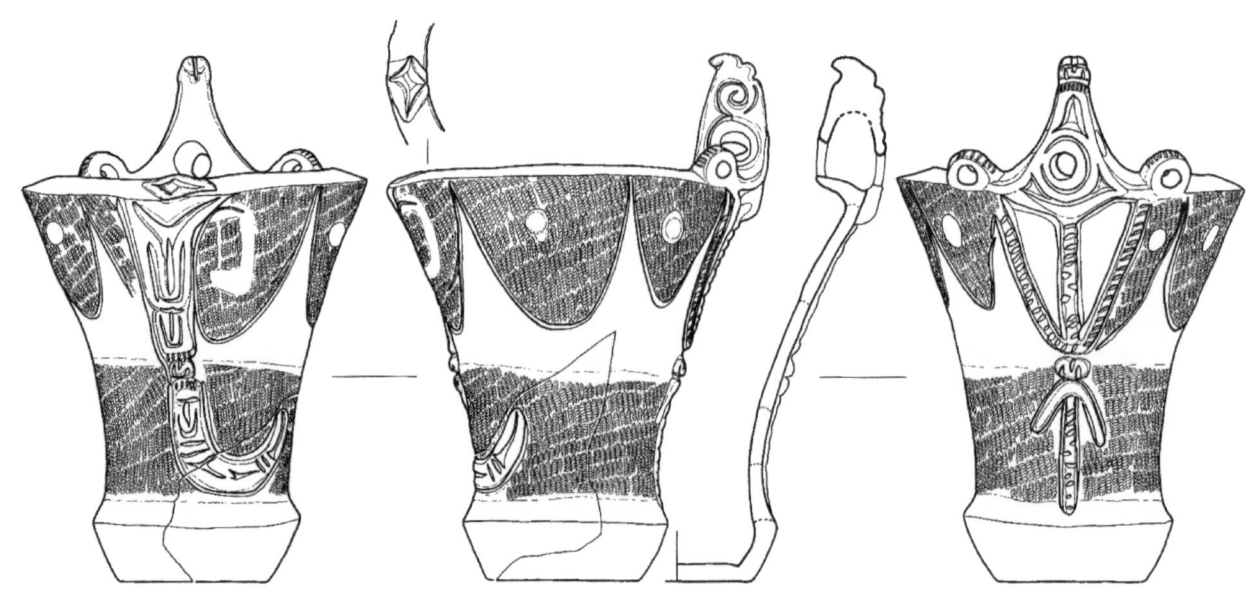

蛇文神像文系深鉢 (じゃもんしんぞうもんけいふかばち)

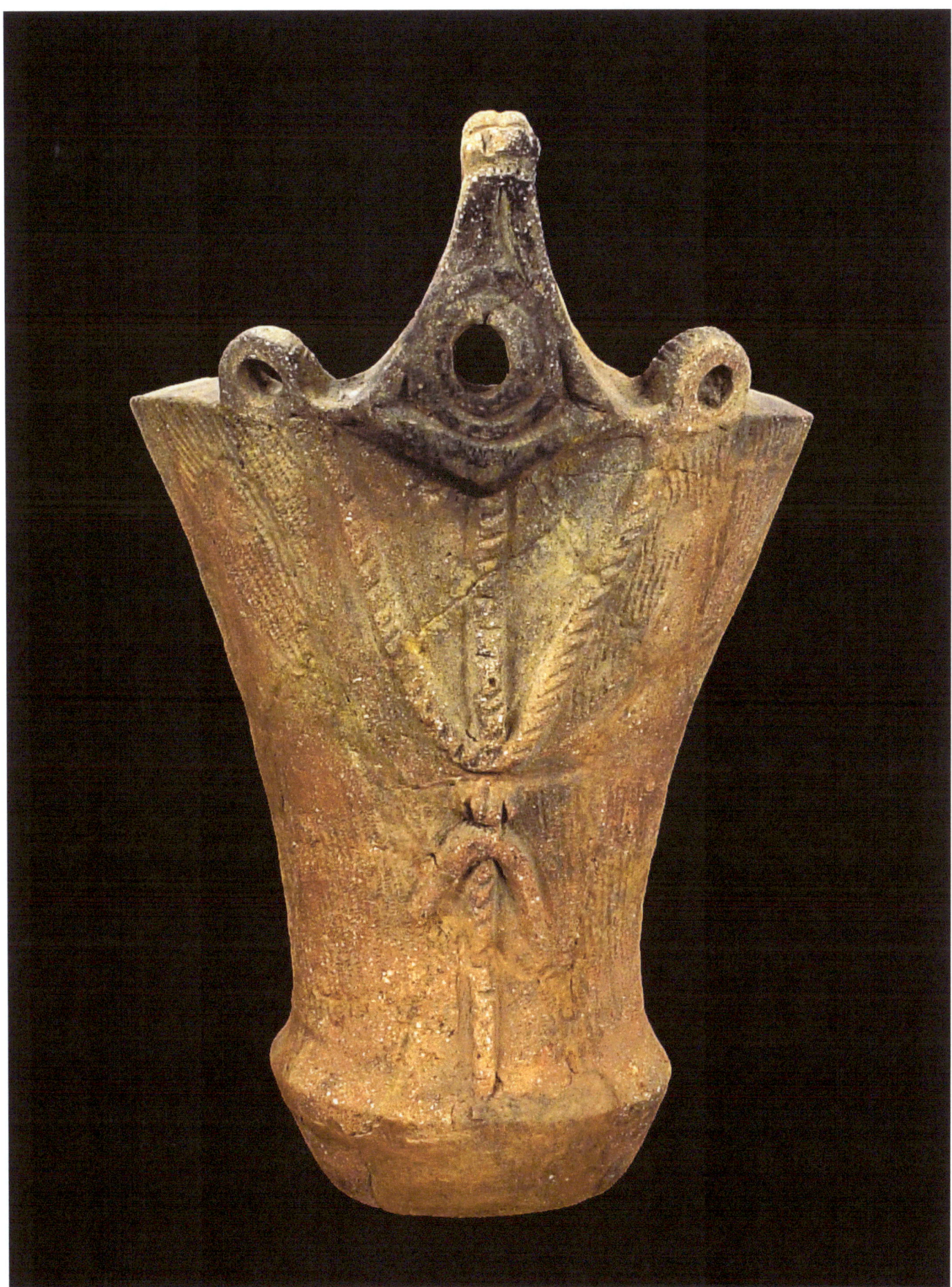

蛇文神像文系深鉢（じゃもんしんぞうもんけいふかばち）

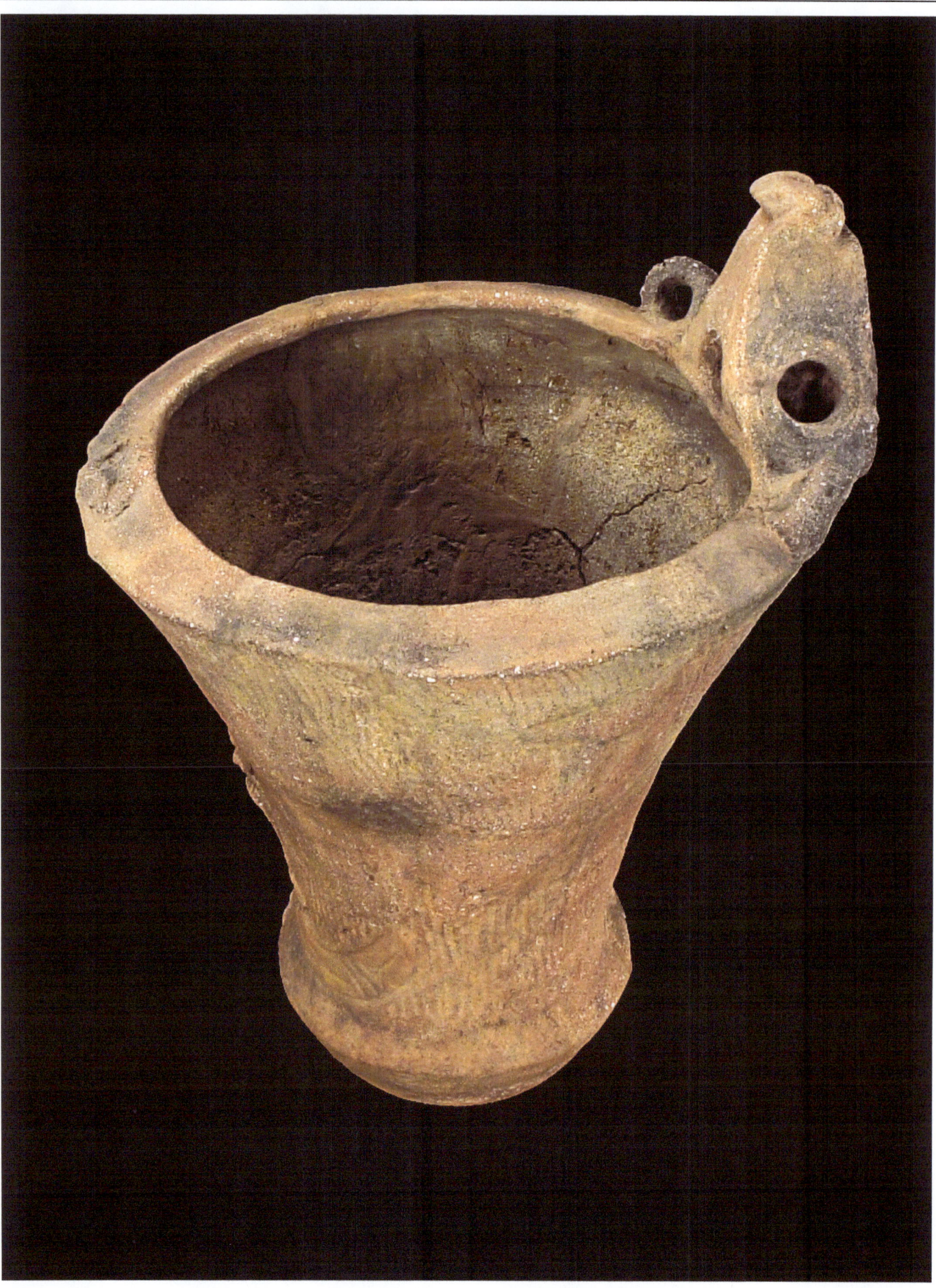

蛇文神像文系深鉢 (じゃもんしんぞうもんけいふかばち)

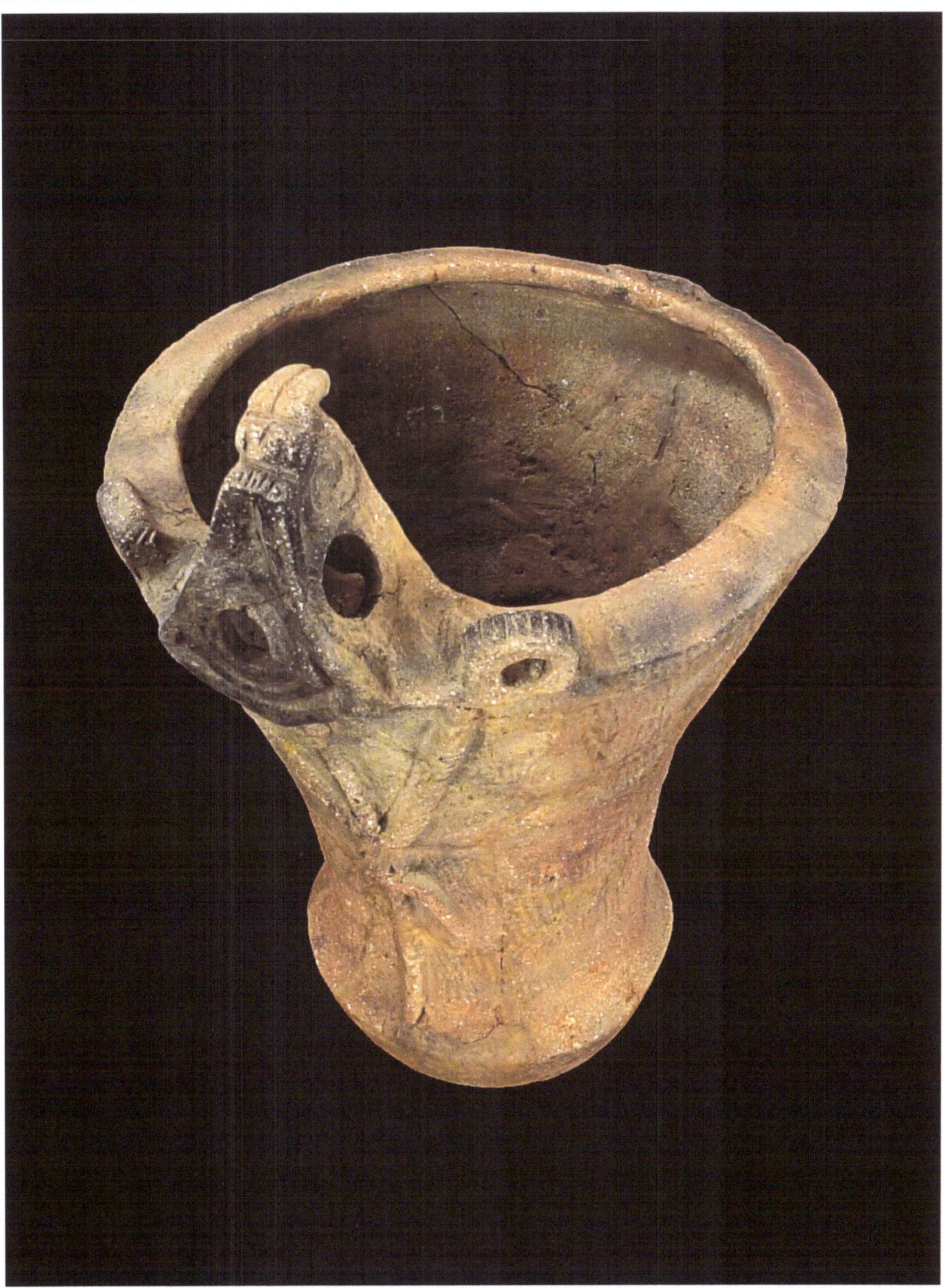

縦帯区画文深鉢 (じゅうたいくかくもんふかばち)
藤内遺跡（とうないいせき）
藤内I式
藤内14号住居址
昭和37年（1962年） 発掘
縄文中期中葉
約4700年前
47.5cm（高さ）, 25.7cm（口径）
井戸尻 -P89, No.240　　藤内 -P331, No.272
ID-039

　この深鉢は縦帯区画文土器の中でも白眉の作。口縁部の過半を欠くのが惜しまれる。口唇から五本連接の背骨のような隆線文が垂れ下がり、その間に、3列の菱形と二列の長方形の区画文を割りつけ、細線で充填している。二つの菱形区画帯の口縁部には、横帯区画が設けられているので、残る一つの口縁も同様であり、二つの長方形区画帯はそのまま口縁に至るものと思われる。内外とも器膚は精緻に仕上げられている。

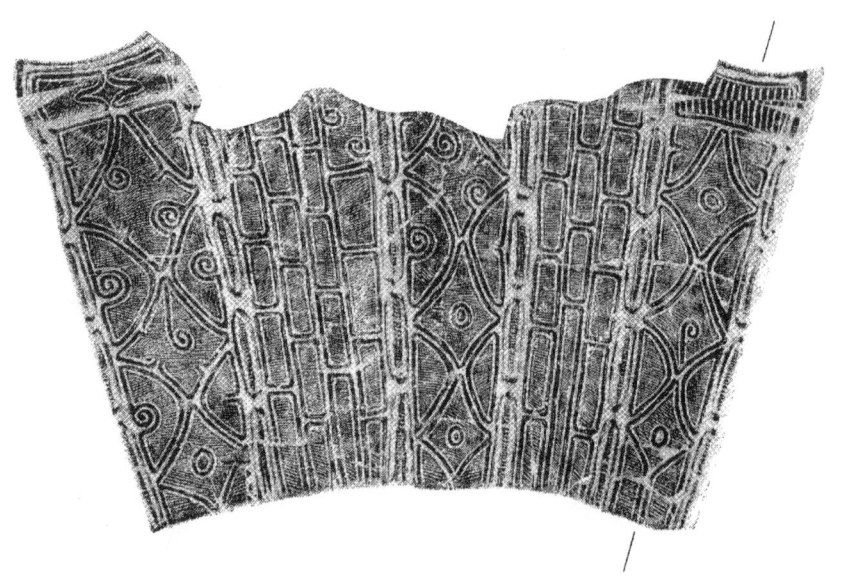
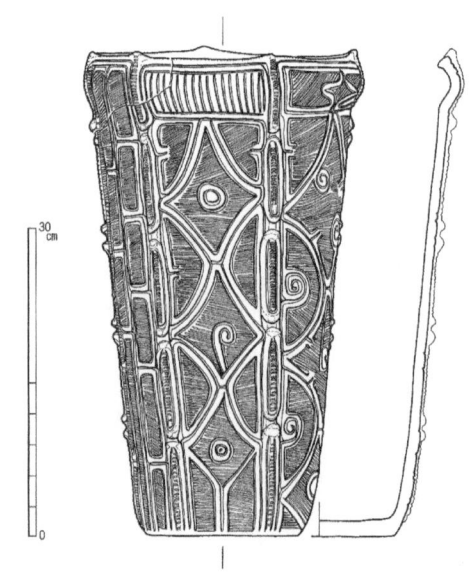

縦帯区画文深鉢 (じゅうたいくかくもんふかばち)

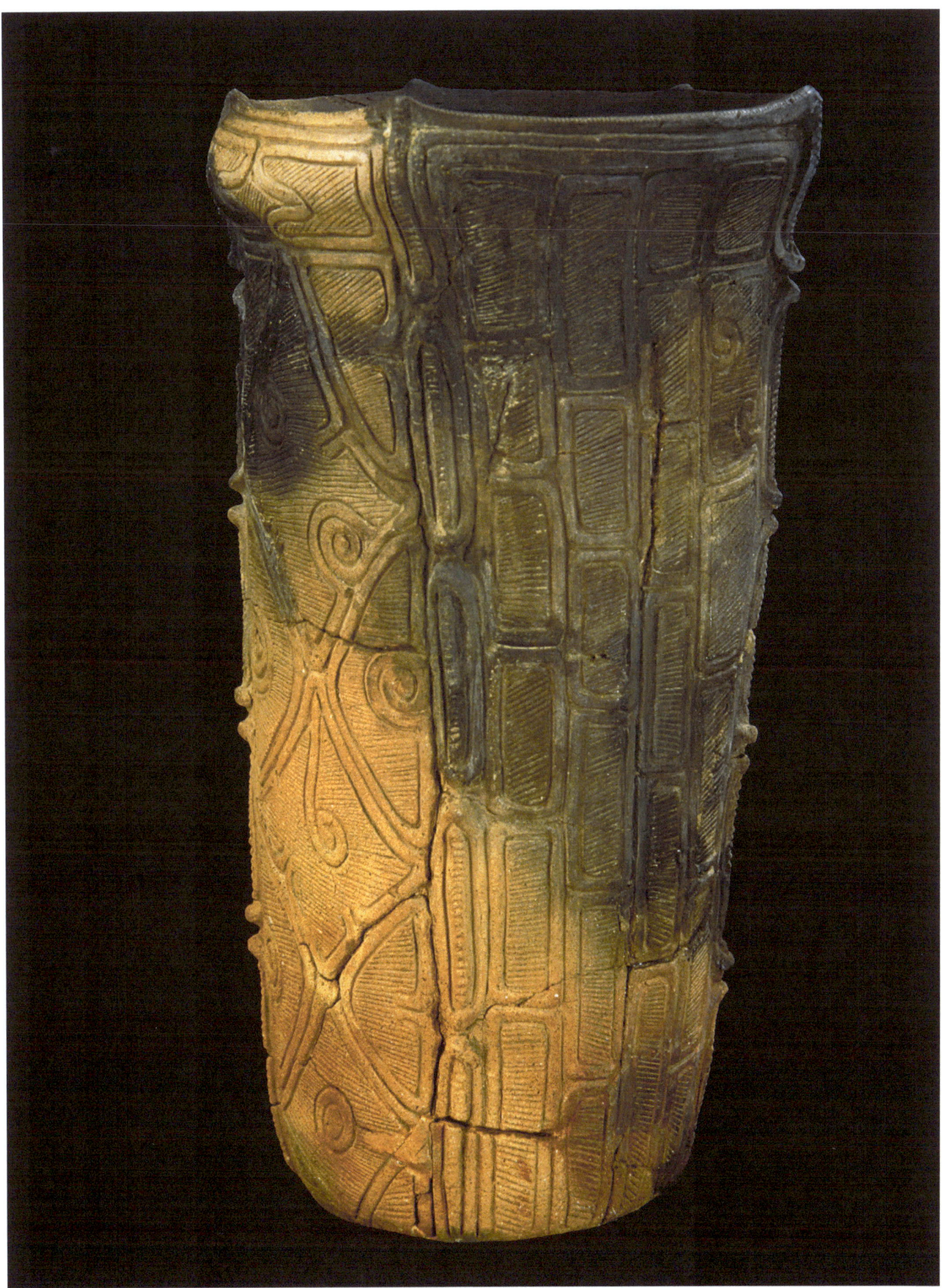

縦帯区画文深鉢 (じゅうたいくかくもんふかばち)

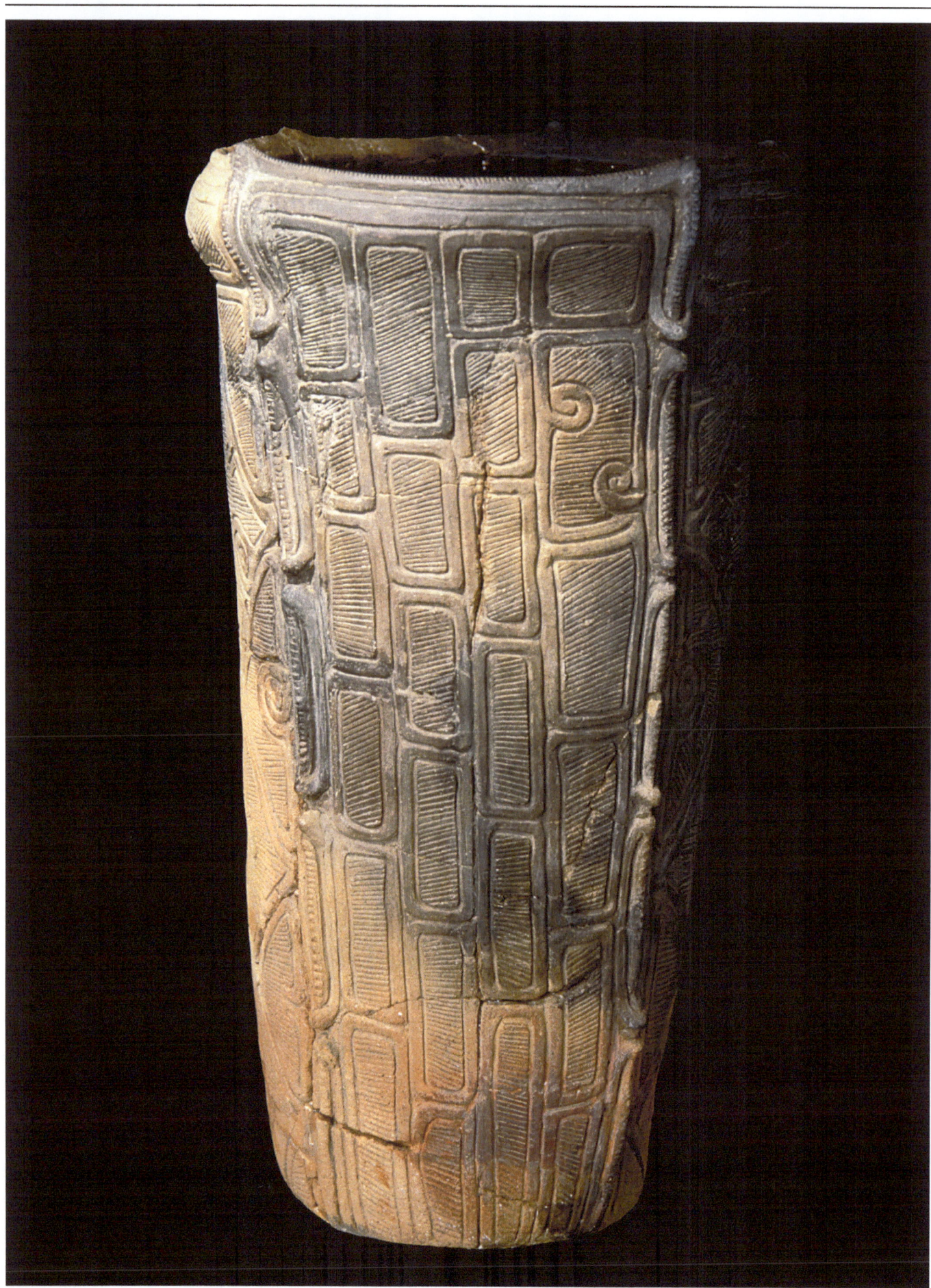

縦帯区画文深鉢 (じゅうたいくかくもんふかばち)

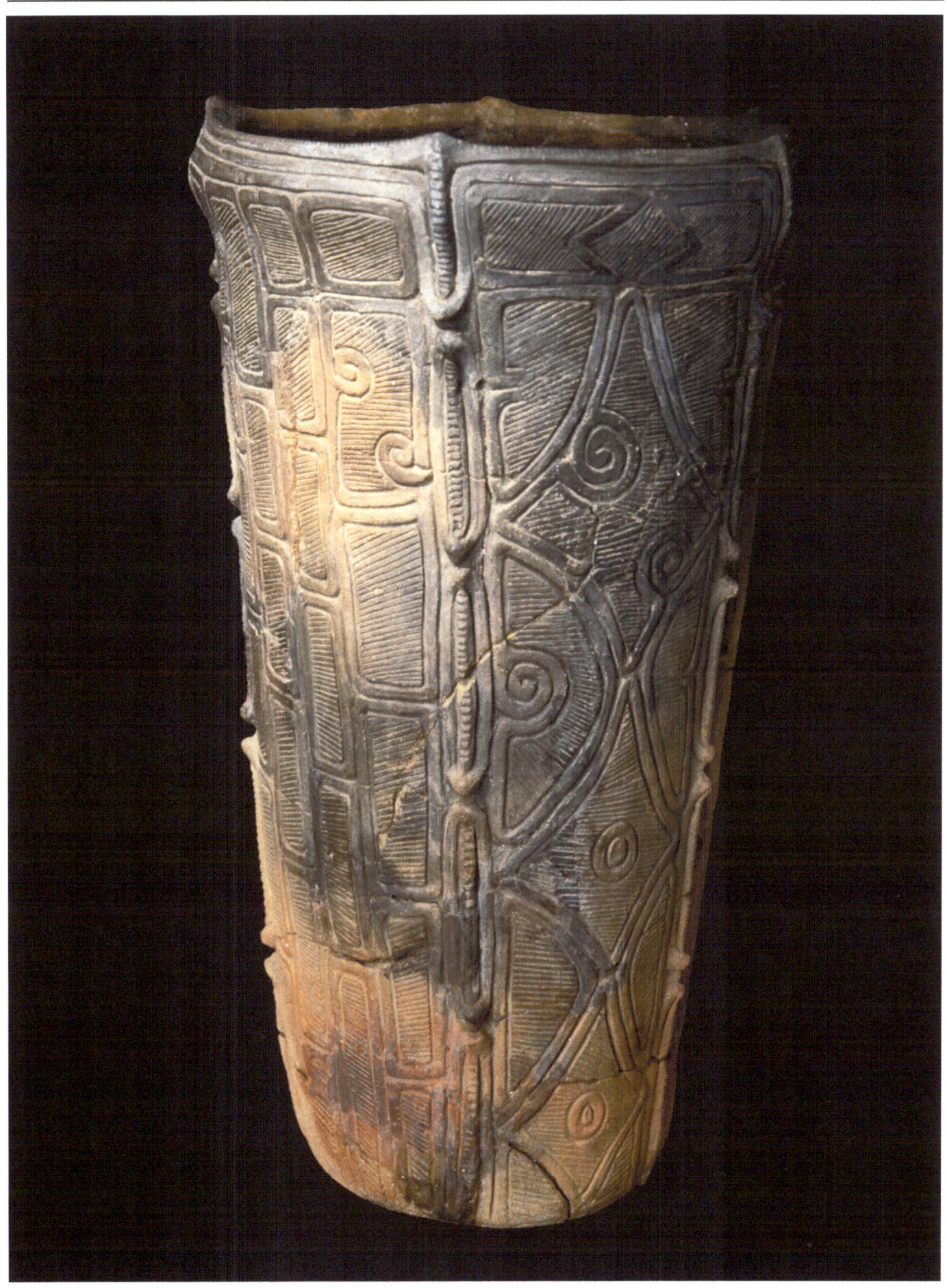

双眼五重深鉢（そうがんごじゅうふかばち）
藤内遺跡（とうないいせき）
藤内Ⅰ式
藤内14号住居址
昭和37年（1962年）　発掘
縄文中期中葉
約4700年前
57.6cm（高さ），37cm（口径）
井戸尻-P89, No.240　　藤内-P331, No.272
ID-050

　この深鉢は、やや内傾して立ち上がる下胴部に鏡餅を四段重ねたような変わった形をした重厚な作品である。口縁に双眼の造形を戴くが、右眼側から頭頂部を欠損し、復元されている。

　口唇は肉厚で幅広く、その外縁が巻き込んで一対の双環をつくる。残る1ヶ所では三角にせり出し、下手の位置に双環がつくられる。双眼の裏側、最上段から二段にかけては菱形の蛙文とみられる図像が表されている。二段目には六ないし七単位の図形、三段目には「大」の字を横に寝かせたような文様が四つ。四段目には内反りの菱形文が四つ表され、恰も絵文字のような印象を与える。最下段は上下に各四つの区画文が配されている。底部は多くを欠損したままで復元されていたが、三次発掘で三分の一周弱が出土した。

　器膚は丁寧に仕上げられ、上半部がうっすらと煤けている。底近くに7cm幅でお焦げがついている。

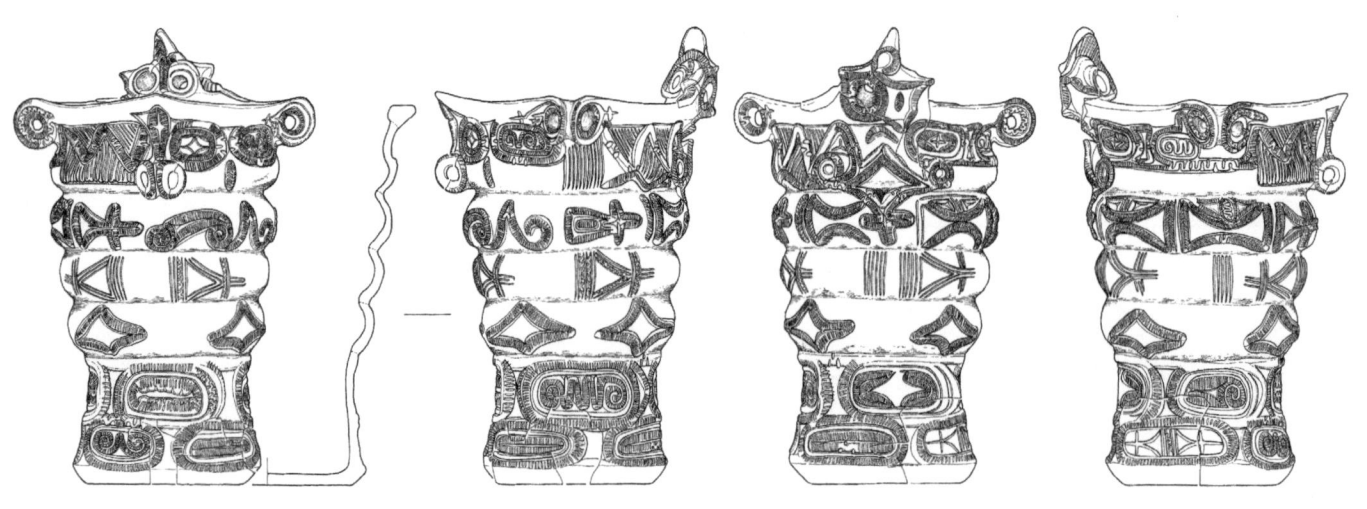

双眼五重深鉢 (そうがんごじゅうふかばち)

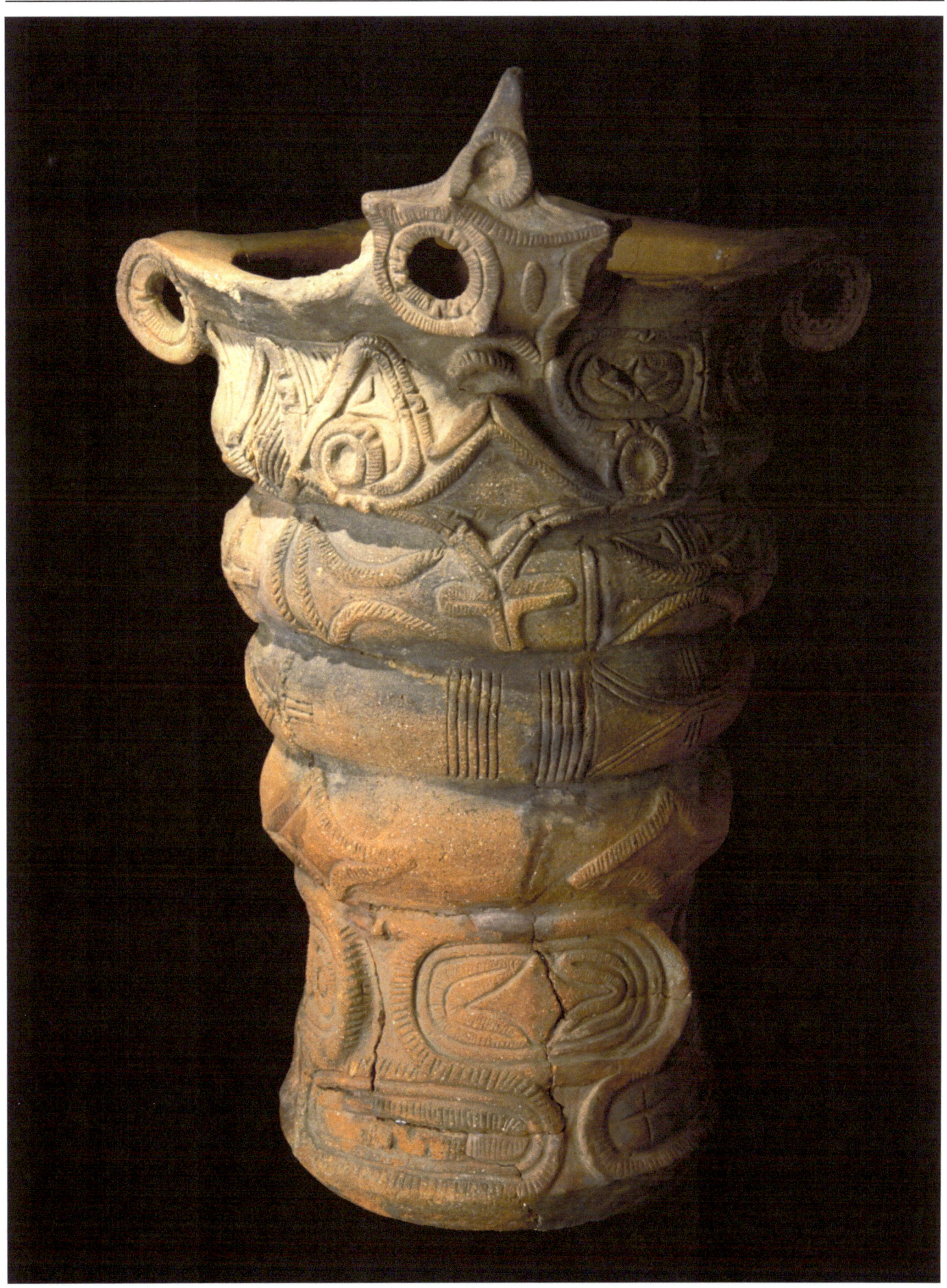

双眼五重深鉢 (そうがんごじゅうふかばち)

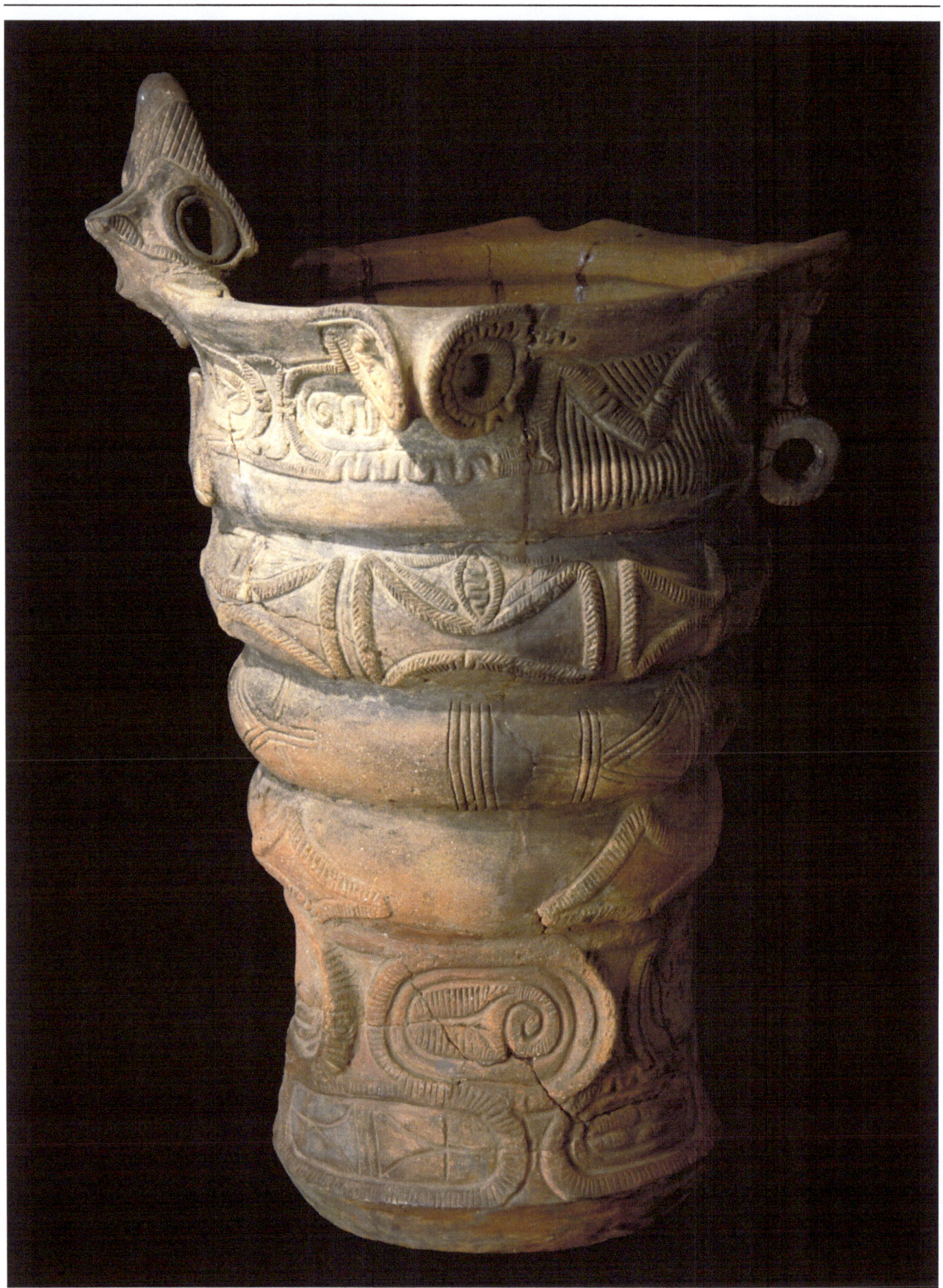

双眼五重深鉢 (そうがんごじゅうふかばち)

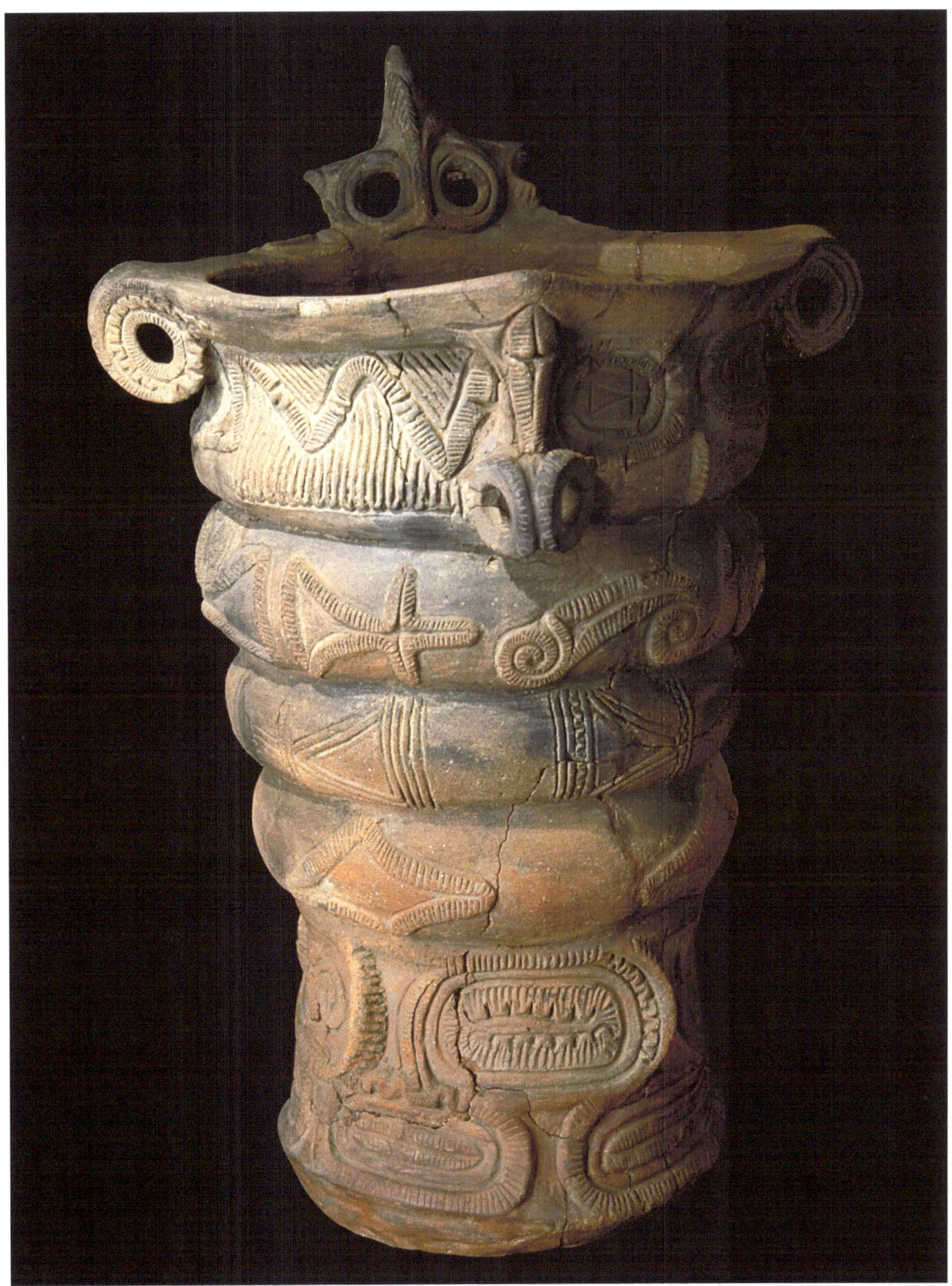

蛇を戴く土偶（へびをいただくどぐう）
藤内遺跡（とうないいせき）
藤内Ⅰ式
藤内16号住居址
昭和37年（1962年）　発掘
縄文中期中葉
約4700年前
10.5cm(高さ), 9.0cm(幅)
井戸尻-P128, No.197　　藤内-P334, No.276
ID-048

　この土偶は、左腕と胸部より下を欠く。大きく平たい顔には、高い鼻と眉が隆線で描かれ、眉間は銀杏葉形に僅かに凹む。目尻は筆先のように切れ長で、左目は頬にかけて2本の浅い線が引かれている。口はいわゆるおちょぼ口。腕は短く真横に広げて、両の乳房が表される。頭頂には、とぐろを巻いて口を開けた蛇とみられる造形がある。後頭部の裾の三方と頭頂に小孔が抜けている。背中には、半截竹管で内反りの菱形が表される。
　井戸尻期の人面付深鉢の人面の頭上に蛇が表わされた作品は珍しくないが、頭上に蛇を戴く土偶は他に類例をみない。

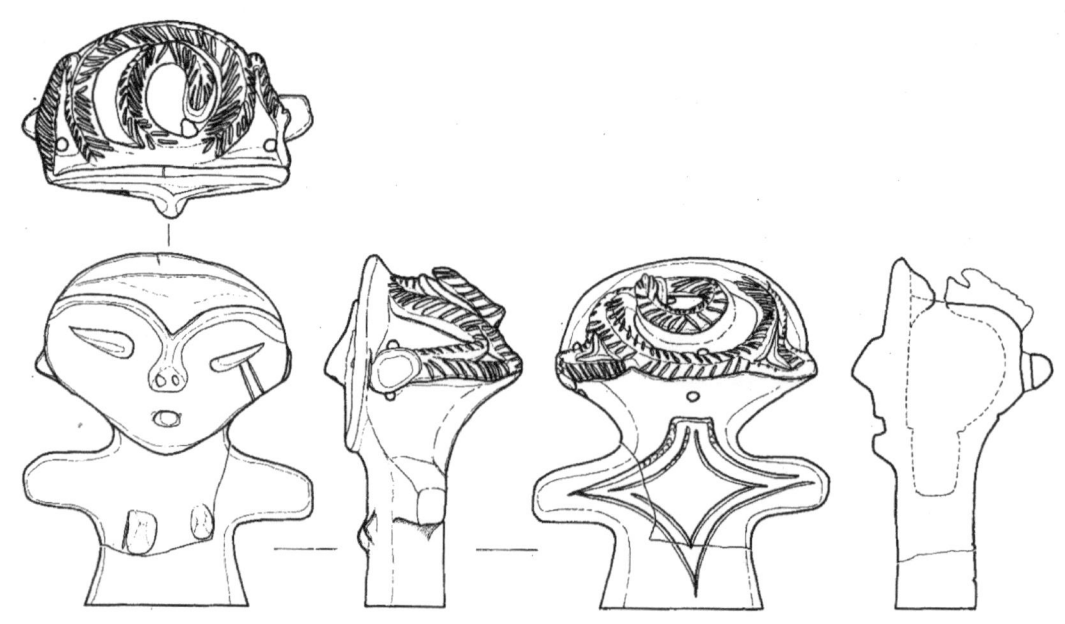

蛇を戴く土偶（へびをいただくどぐう）

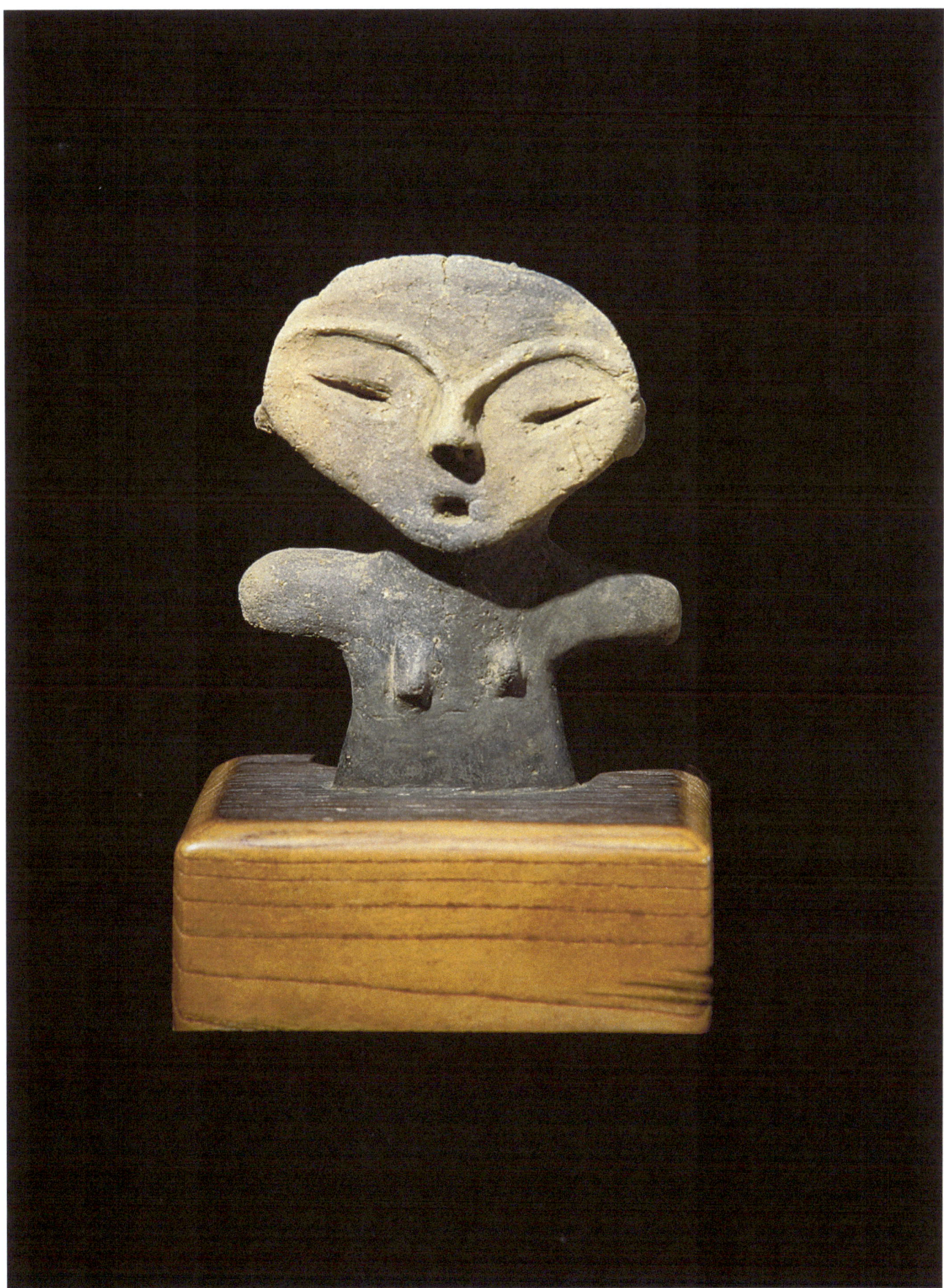

蛇を戴く土偶（へびをいただくどぐう）

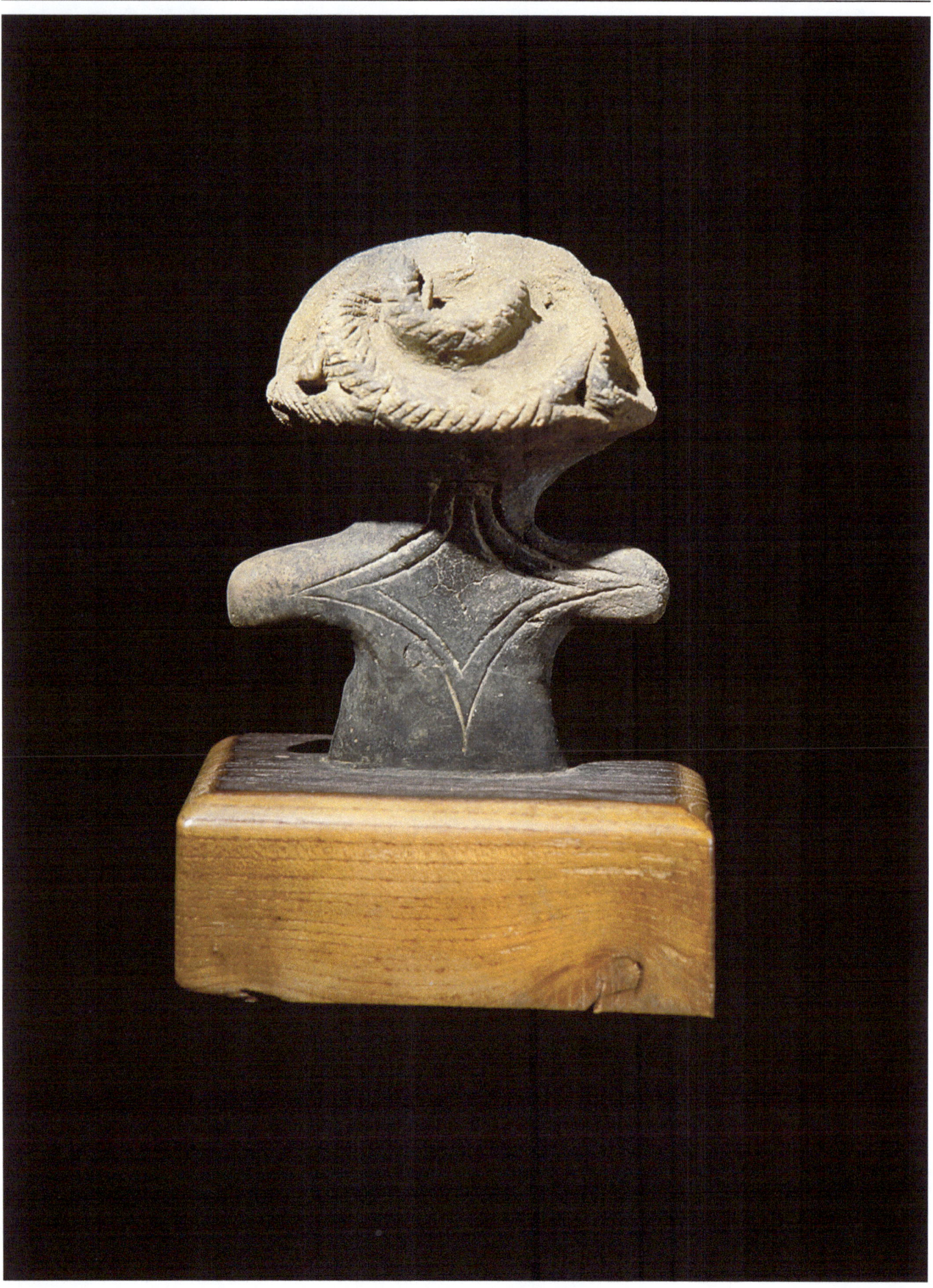

蛇を戴く土偶(へびをいただくどぐう)

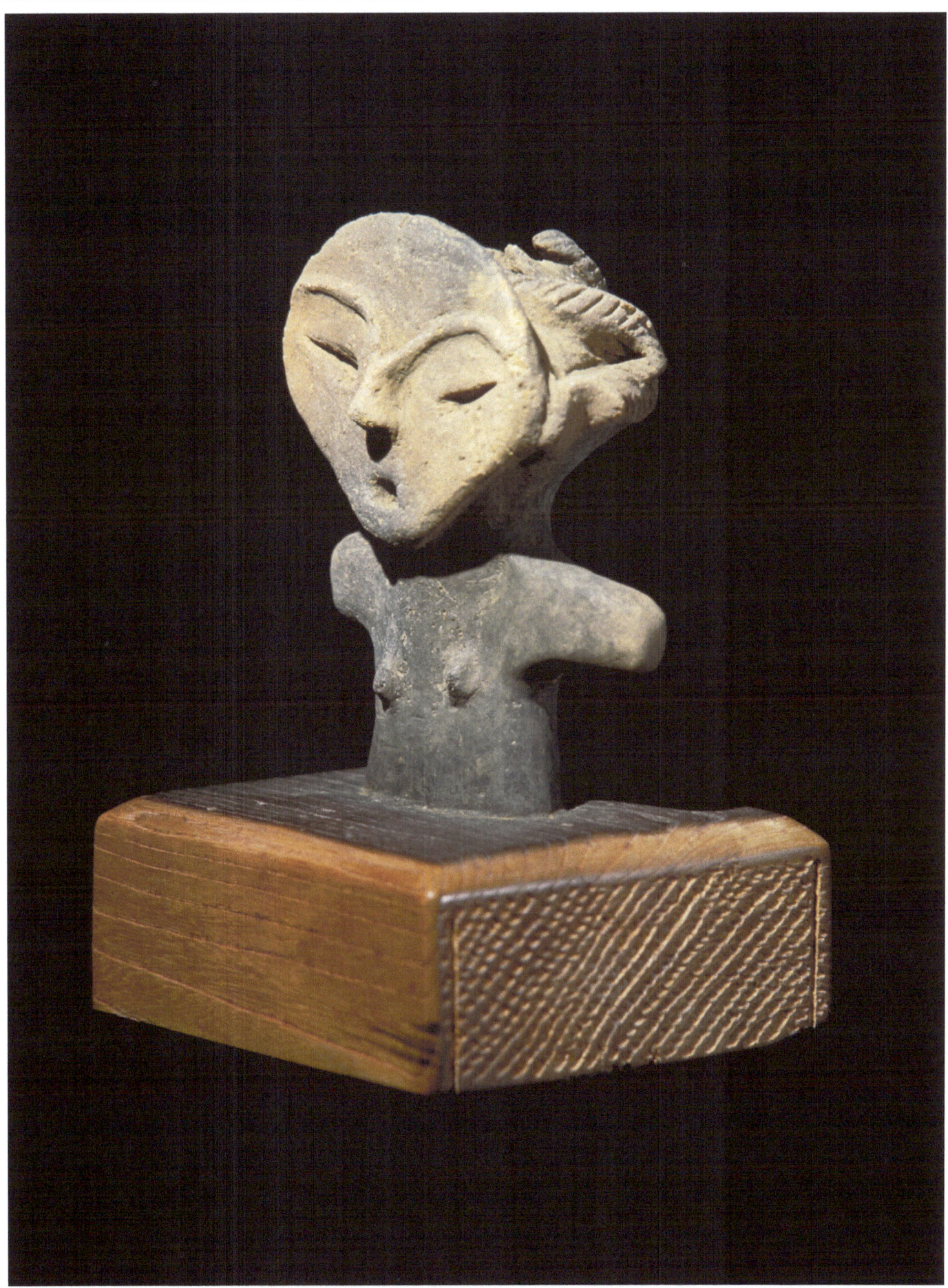

乳房状口縁大深鉢（ちぶさじょうこうえんおおふかばち）
藤内遺跡（とうないいせき）
藤内Ⅰ式
藤内特殊遺構
昭和37年（1962年）　発掘
縄文中期中葉
約4700年前
60.8cm（高さ），34cm（口径）
藤内-P319, No.236
ID-055

　乳房状口縁の大深鉢で、ずしりと重い。波状の口縁は厚ぼったく、内側に折り込むようにしている。乳房状の膨らみは10個。上下二段の横帯区画の間に鋸歯状の隆帯が廻り、胴下半は縄文地となっている。横帯区画は上が六つ、下が五つ。鋸歯状隆帯は、山の頂部は厚ぼったく張り出す。1ヶ所のみ山形はなるく、楕円区画文が表される。それを中心として左右に合わせて六つの逆三角形の中には三叉状の陰刻や円文が施されている。

　外壁の上半の所々に煤けがみられる。お焦げははっきりとせず、底から36cmのところまで渋状の染み付きのような膚になっている。

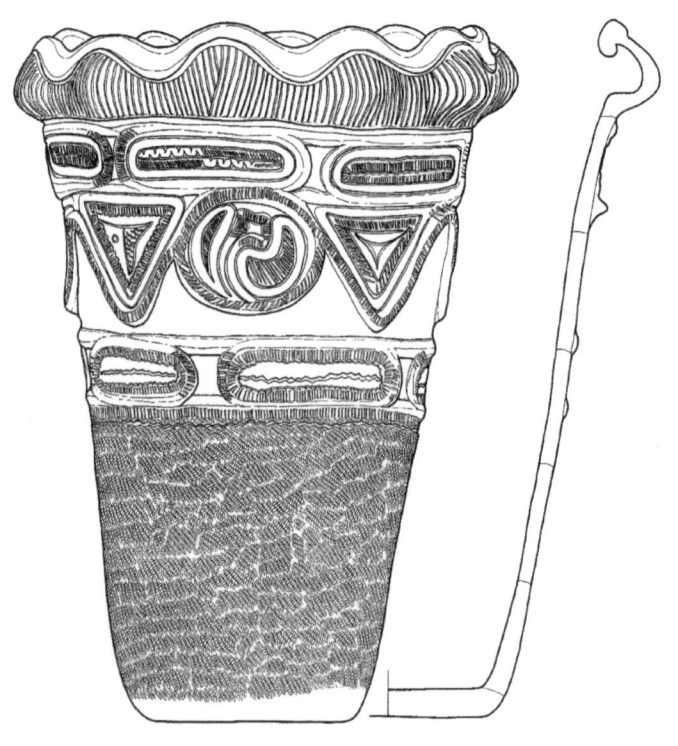

乳房状口縁大深鉢 (ちぶさじょうこうえんおおふかばち)

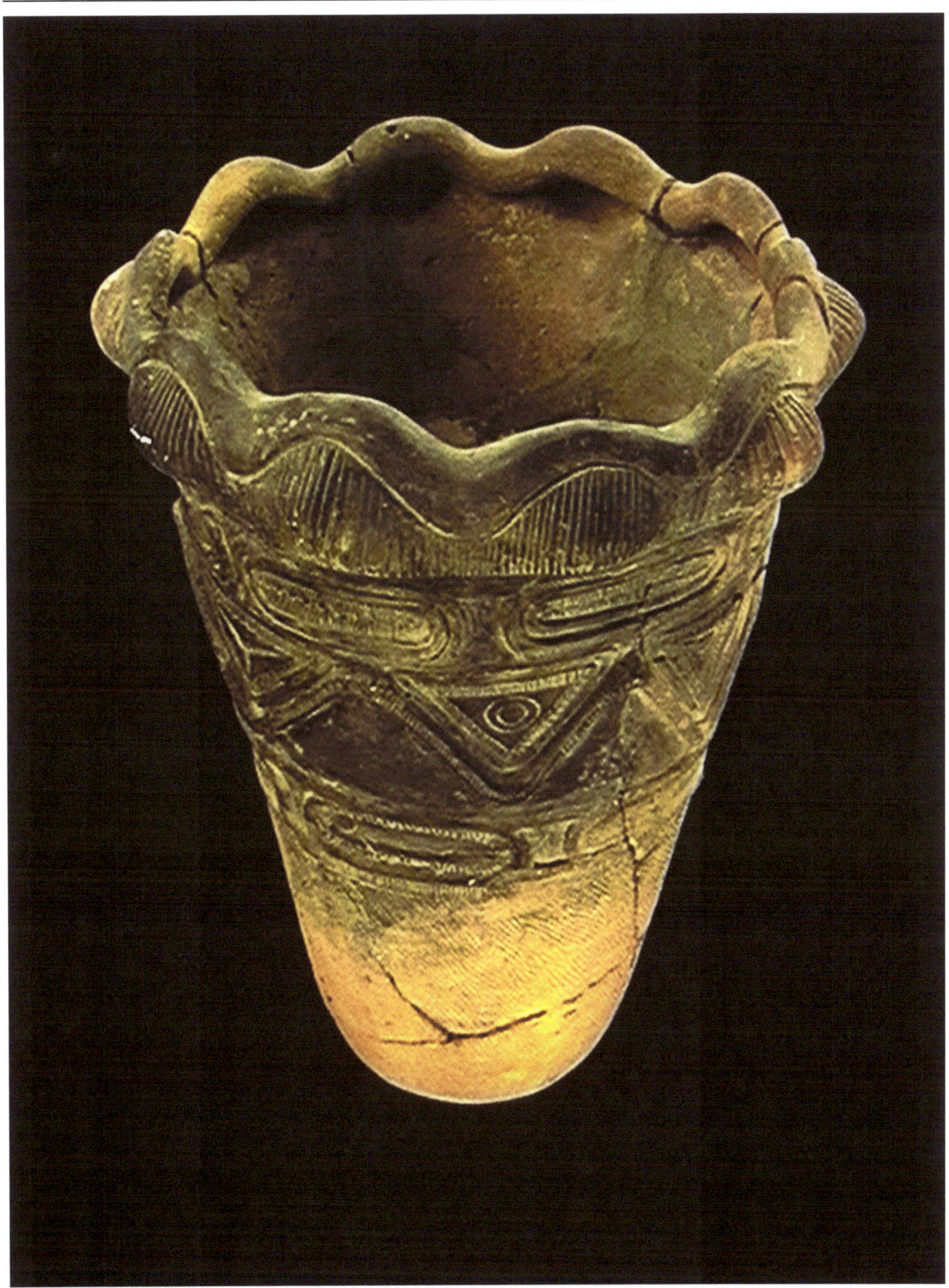

乳房状口縁大深鉢（ちぶさじょうこうえんおおふかばち）

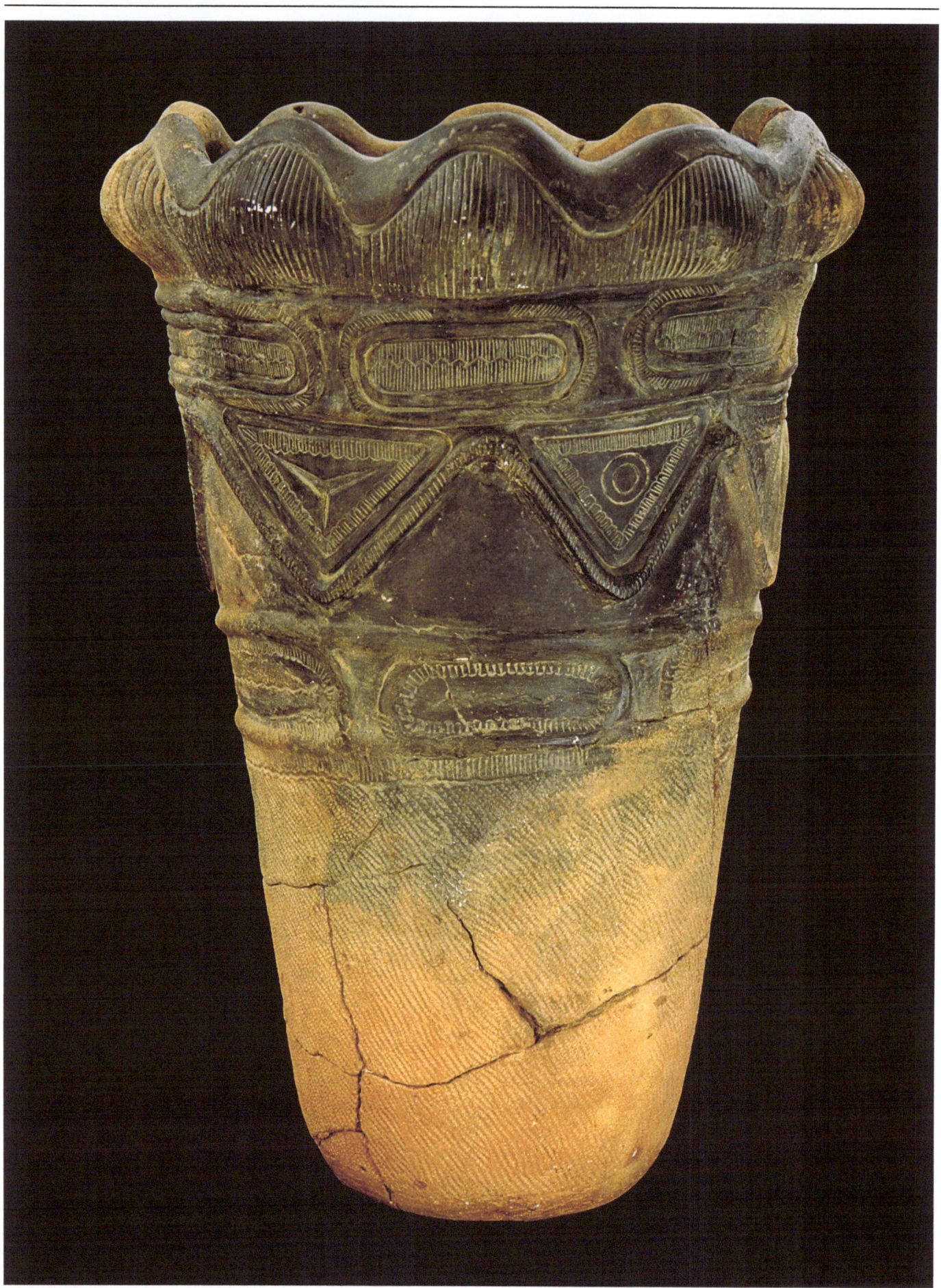

乳房状口縁大深鉢（ちぶさじょうこうえんおおふかばち）

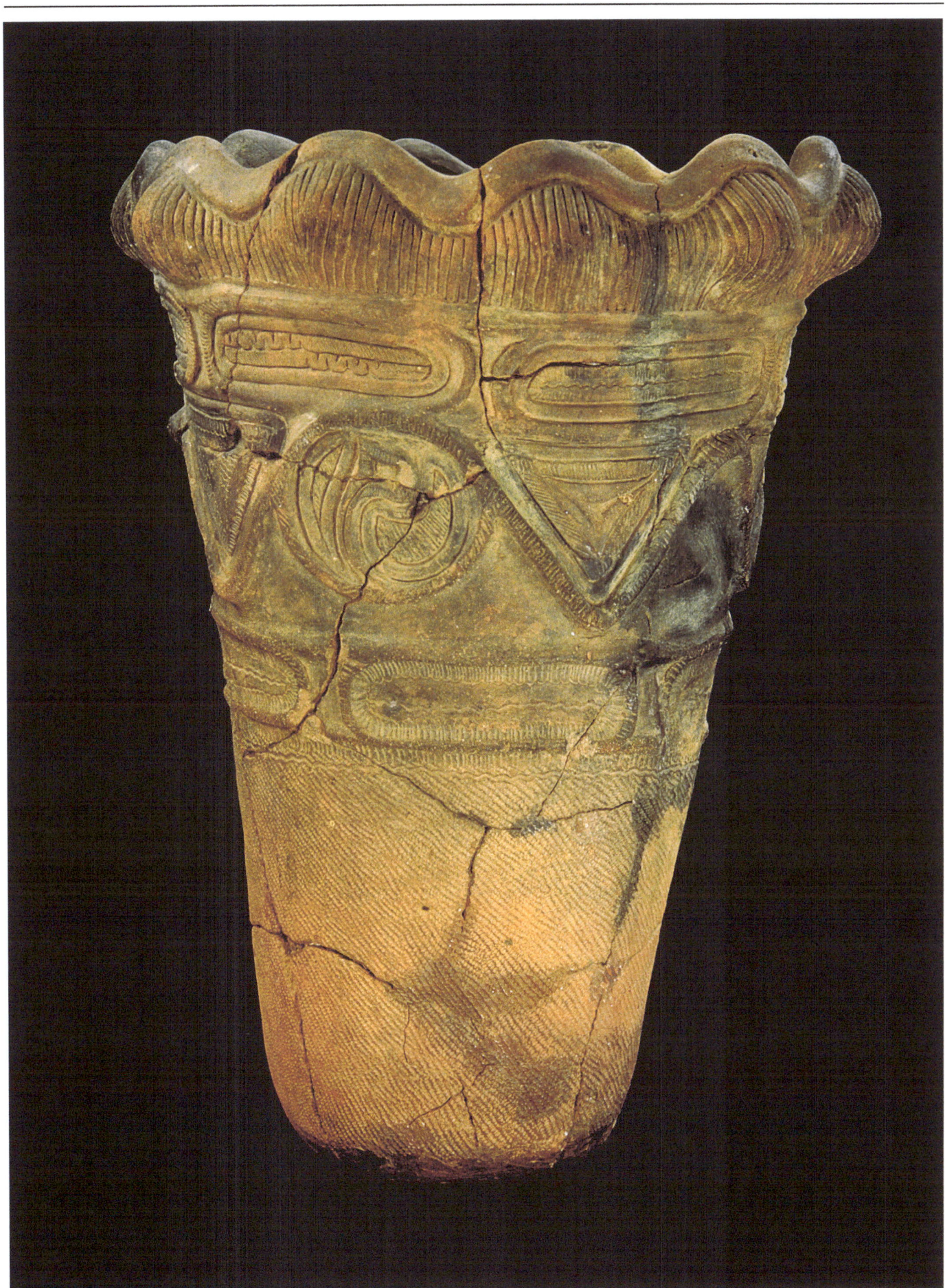

双眼深鉢（そうがんふかばち）
藤内遺跡（とうないいせき）
藤内Ⅱ式
藤内特殊遺構
昭和 37 年（1962 年）　発掘
縄文中期中葉
約 4600 年前
34.2cm（高さ），26.5cm（口径）
井戸尻 -P86, No.194　　藤内 -P324, No.252
ID-012

　この深鉢は、双眼の造形を戴き、三方に双環をおいて、W 字形の隆帯でそれぞれを繋いでいる。双眼は左右に小さな環形を従え、片方が貫通する。胴部の前後には上下端が開く 2 本組みの隆線が、側面の方には J 字形の隆帯が表される。底部の三方には楕円区画文が配される。小綺麗な土器である。
　煤は胴の上半に部分的にみられ、内壁には焦げ付きがなくきれいな膚をしている。

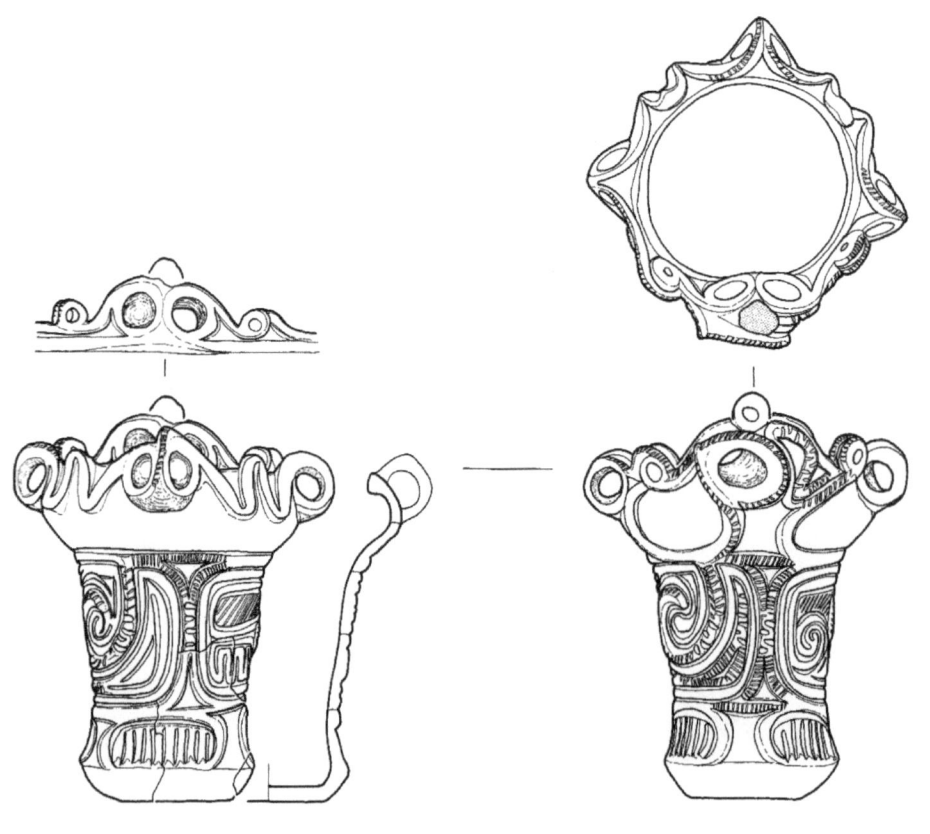

双眼深鉢 (そうがんふかばち)

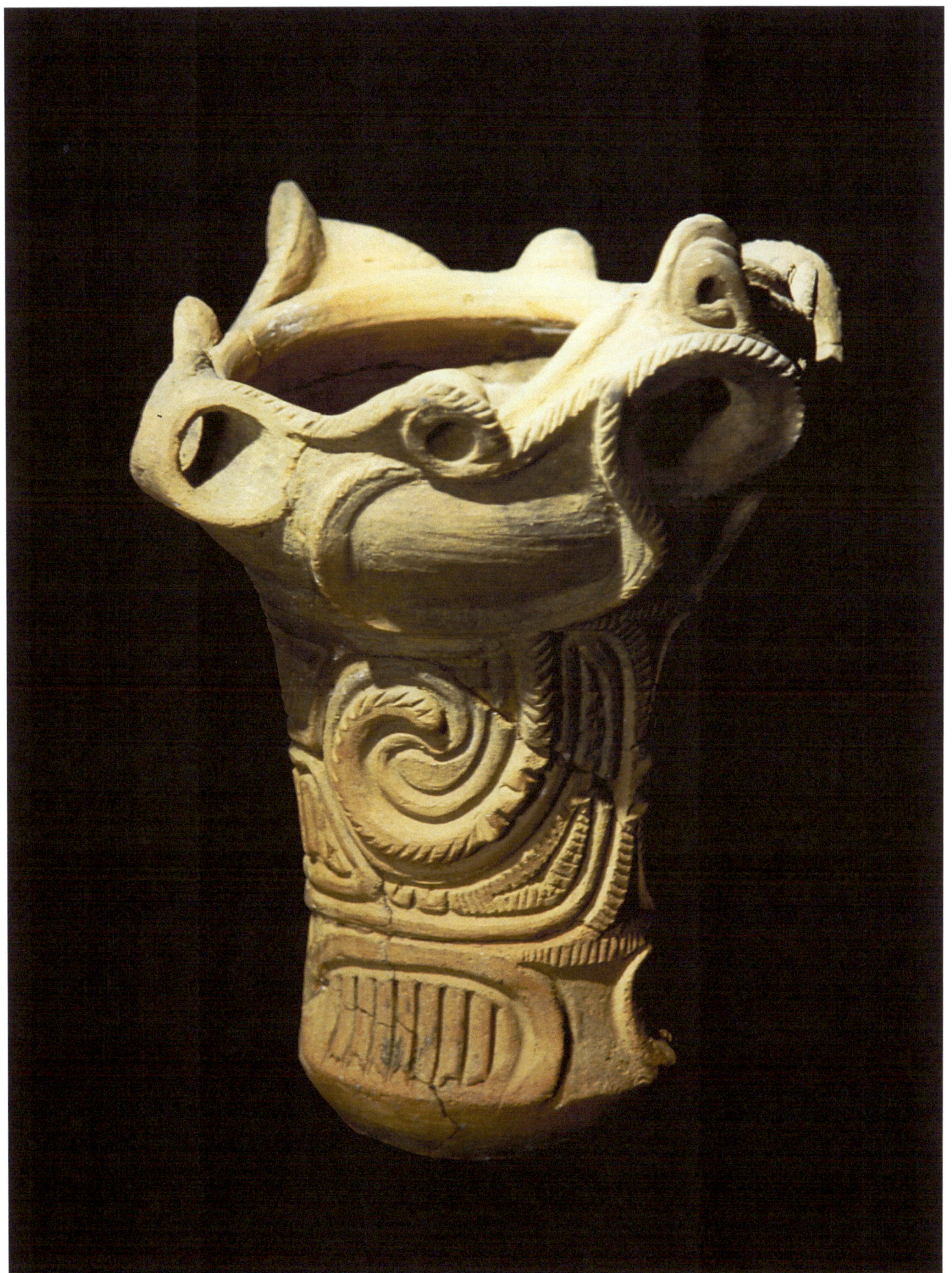

双眼深鉢（そうがんふかばち）

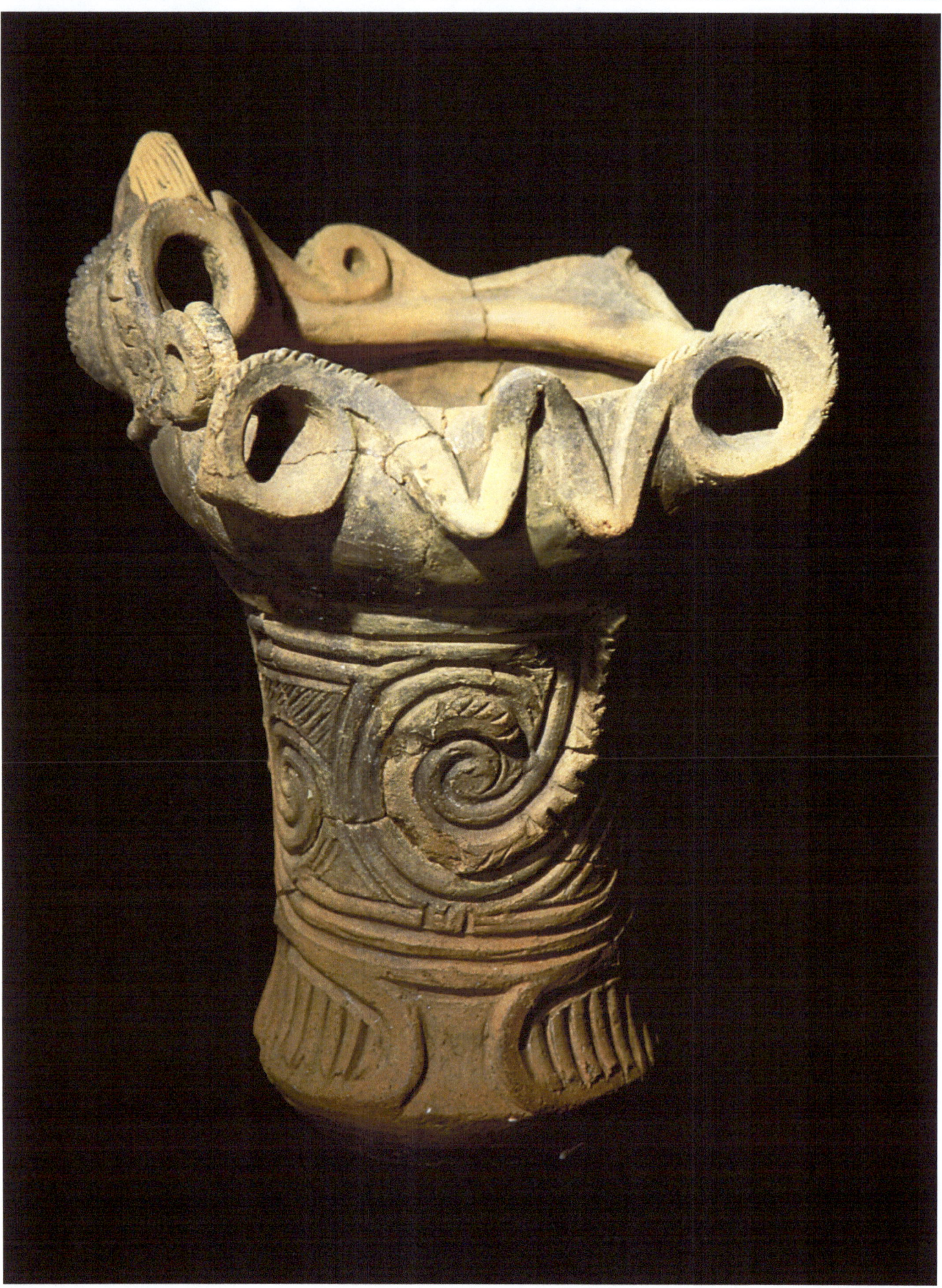

双眼深鉢 (そうがんふかばち)

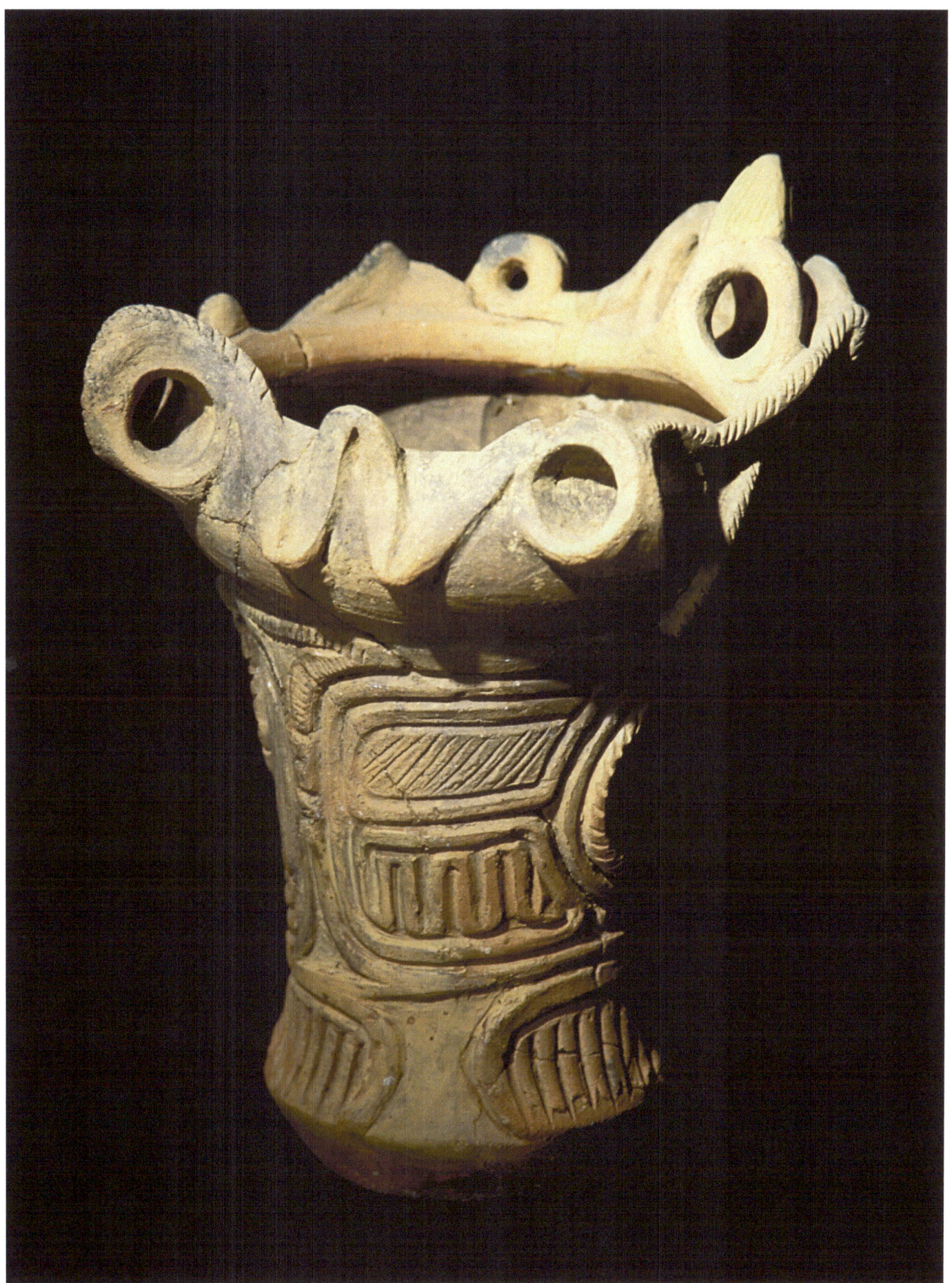

半人半蛙文有孔鍔付土器（はんじんはんあもんゆうこうつばつきどき）
藤内遺跡（とうないいせき）
藤内Ⅰ式
藤内特殊遺構
昭和37年（1962年）　発掘
縄文中期中葉
約4700年前
51.7cm（高さ），24cm（口径）
井戸尻-P86, No.192　　藤内-P322, No.242
ID-051

　この有孔鍔付土器は藤内遺跡を代表する器物の一つ、半人半蛙文有孔鍔付土器である。三割ほどを欠損するが、大事な箇所は現存している。つくりは丁寧で、光沢質なところが多く残っている。一対の双環が設けられ、片側の器腹には半人半蛙の像が描かれている。丸い頭と半紡錘形の胴体。脚は関節から内股に萎えたふうで、腰からは平行線が発して、鉤形に折れ下がる。上肢は斜めに大きく広げ、途中から分かれた別な腕が大きな身振りで内側に巻く。3本指の甲は膨れ、指先は器腹にすりつき、手首には瘤が表され、関節のところは括れている。

　反対側は、双環に接して雄渾な環状文が描かれている。それを下手から囲むような凸線が表され、両端が幅広な帯となってくるりと巻く。いうまでもなくこれは、一方の側の両腕と軌を一にした手法である。両側面には、磨りうすに似た形状の幅の広い微隆帯が上下に一対表される。片面は下側の形がやや異なる。

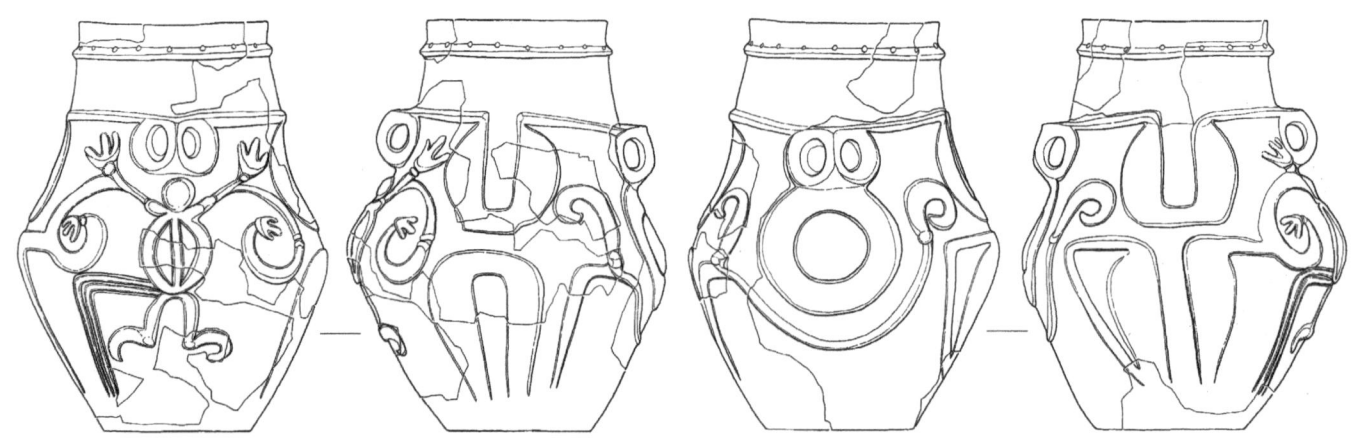

半人半蛙文有孔鍔付土器（はんじんはんあもんゆうこうつばつきどき）

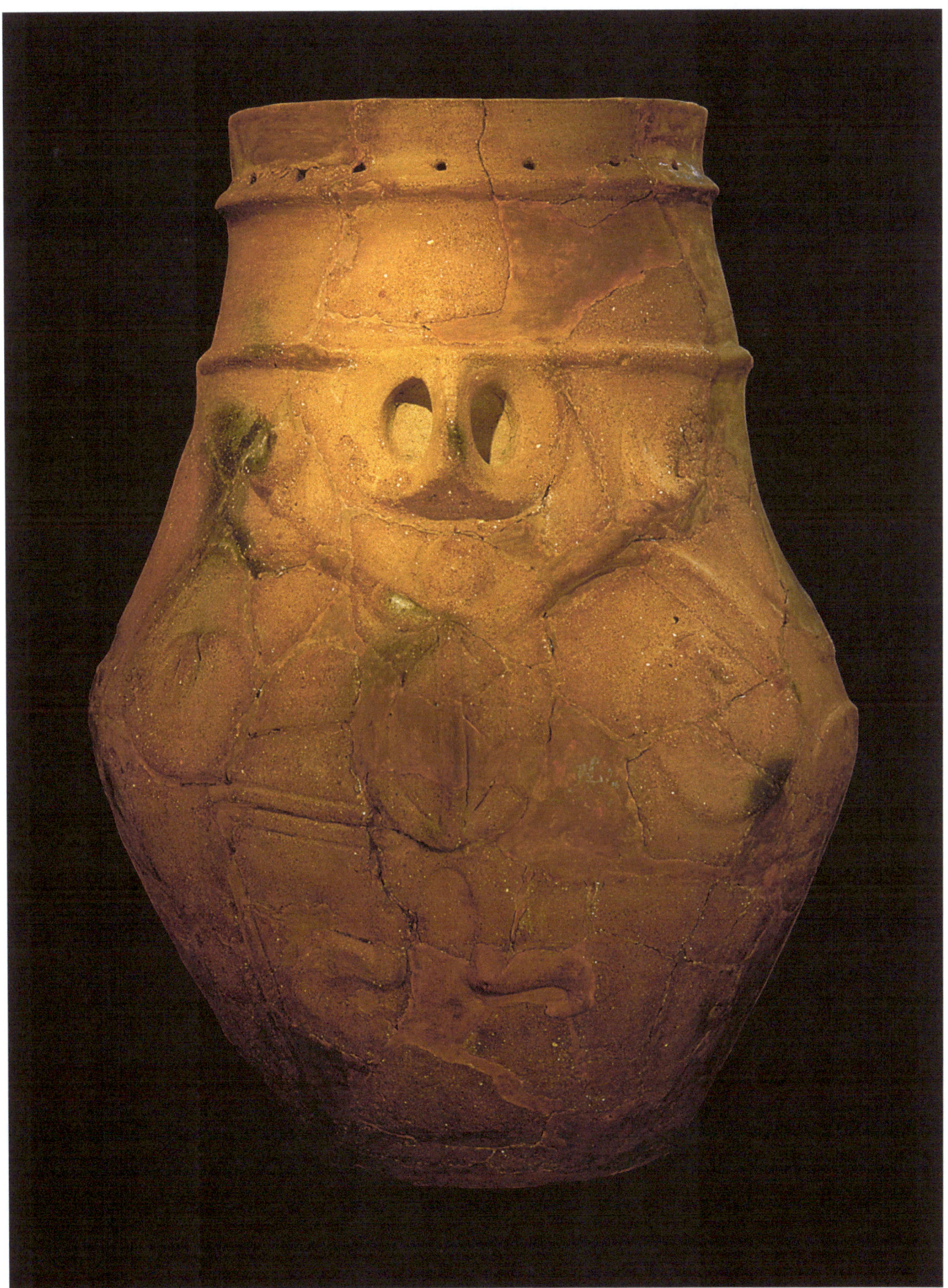

半人半蛙文有孔鍔付土器（はんじんはんあもんゆうこうつばつきどき）

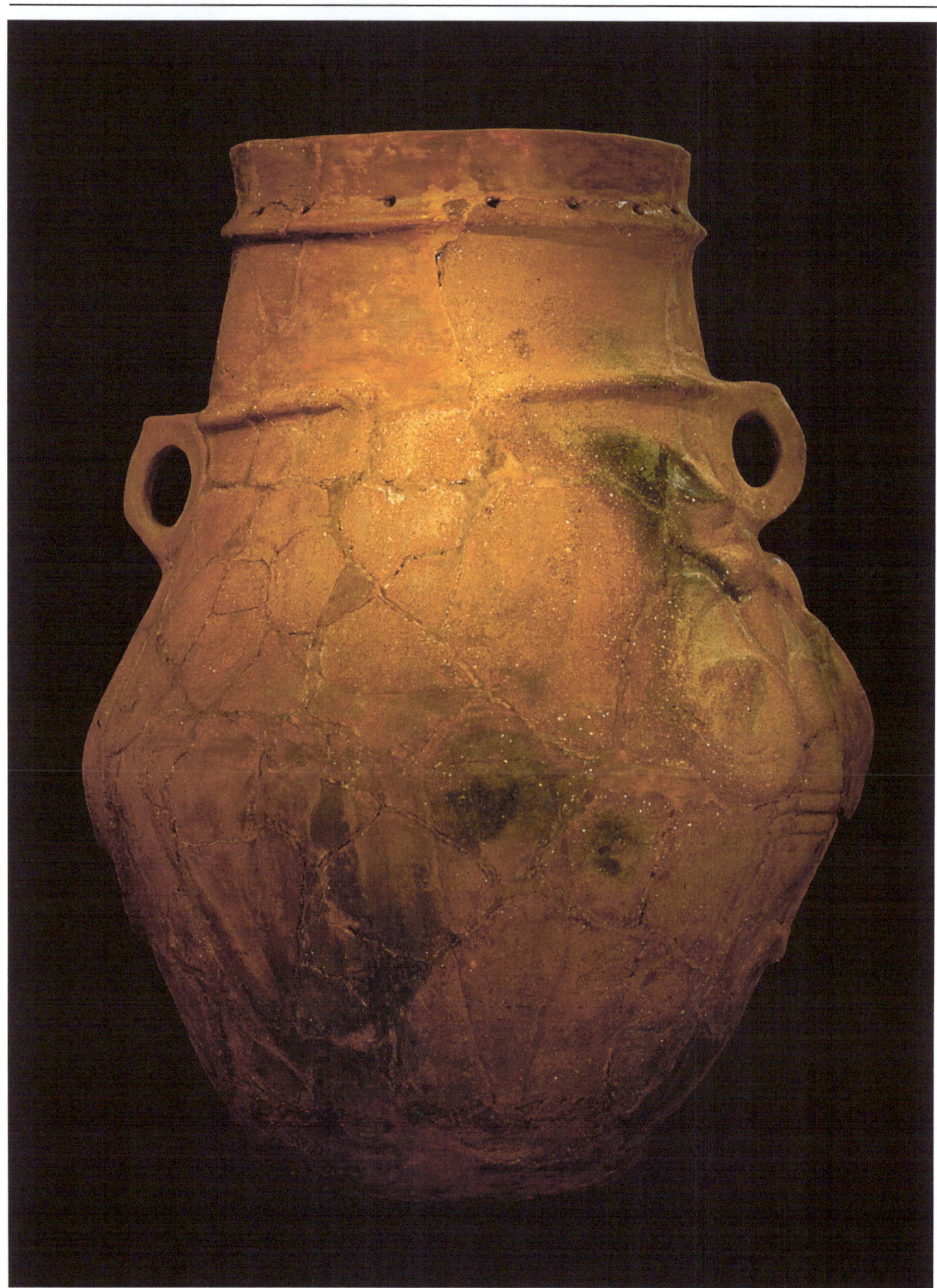

半人半蛙文有孔鍔付土器（はんじんはんあもんゆうこうつばつきどき）

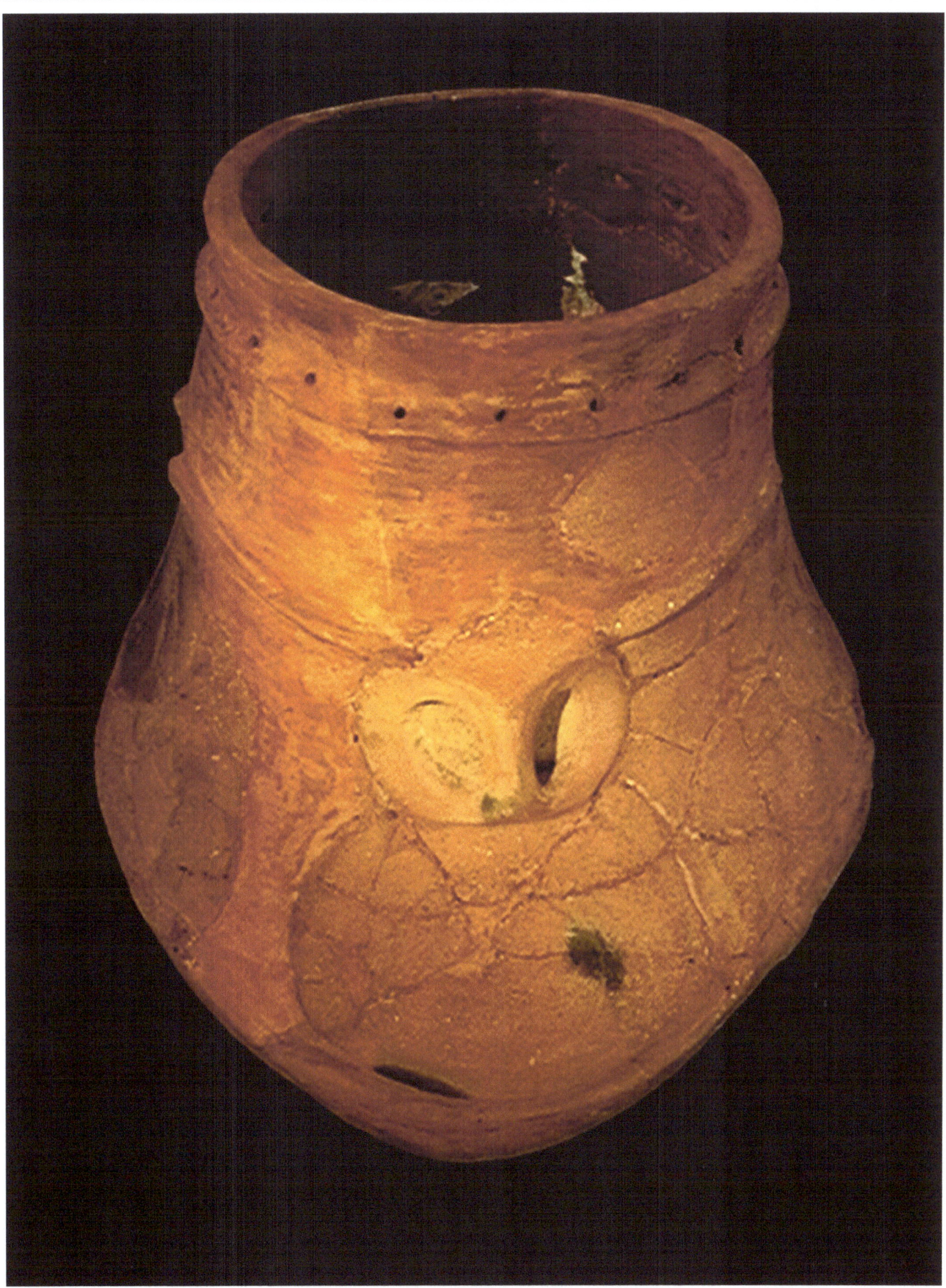

みづち文深鉢 (みづちもんふかばち)
藤内遺跡（とうないいせき）
藤内 I 式
藤内特殊遺構
昭和 37 年（1962 年） 発掘
縄文中期中葉
約 4700 年前
46.8cm(高さ), 29.0cm(口径)
藤内 -P319, No.235
ID-084

　この深鉢は輪積み痕地の桶形土器で、一対のみづち文が表されている。その形状は表裏とも同じであり、背の右側に楕円文が二つ並ぶ。背の左寄り、口縁の下を廻る低い凸線との接点は盛上ってねじれている。
　外壁の上半に煤がよく付いている。内壁は、煤けとの境から下が膚荒れし、底から 6cm の幅の部位に、糊状の焦げ付きがみられる。

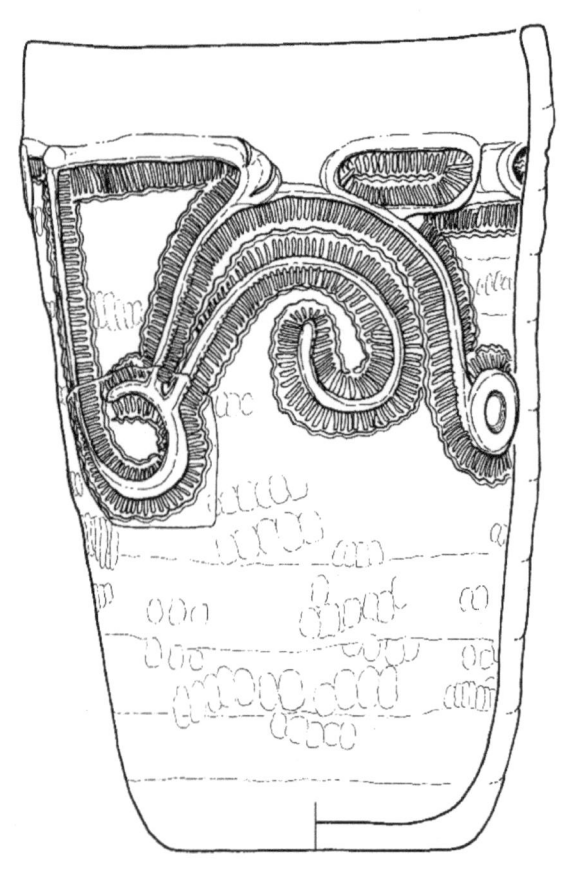

みづち文深鉢 (みづちもんふかばち)

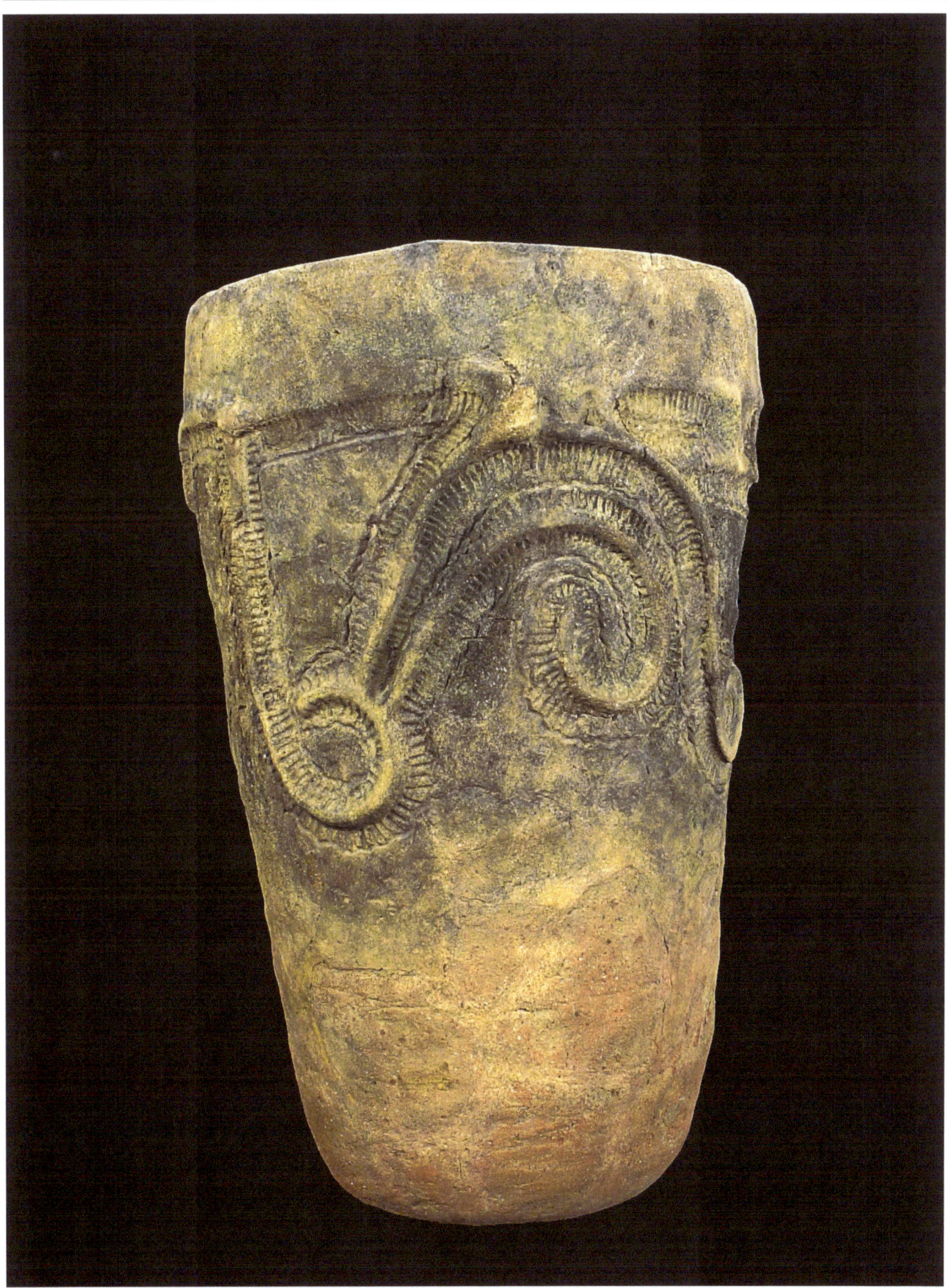

みづち文深鉢 (みづちもんふかばち)

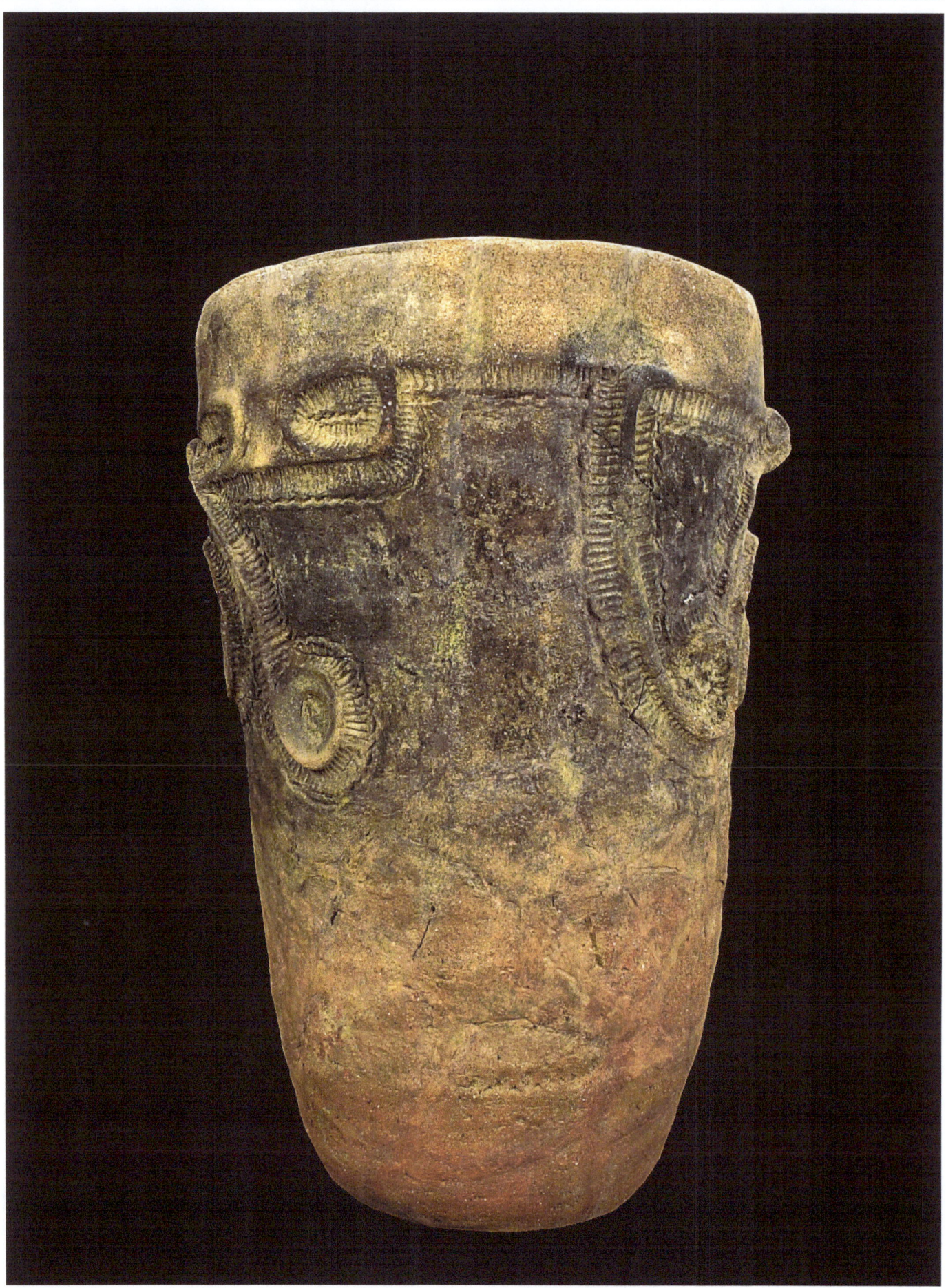

みづち文深鉢 (みづちもんふかばち)

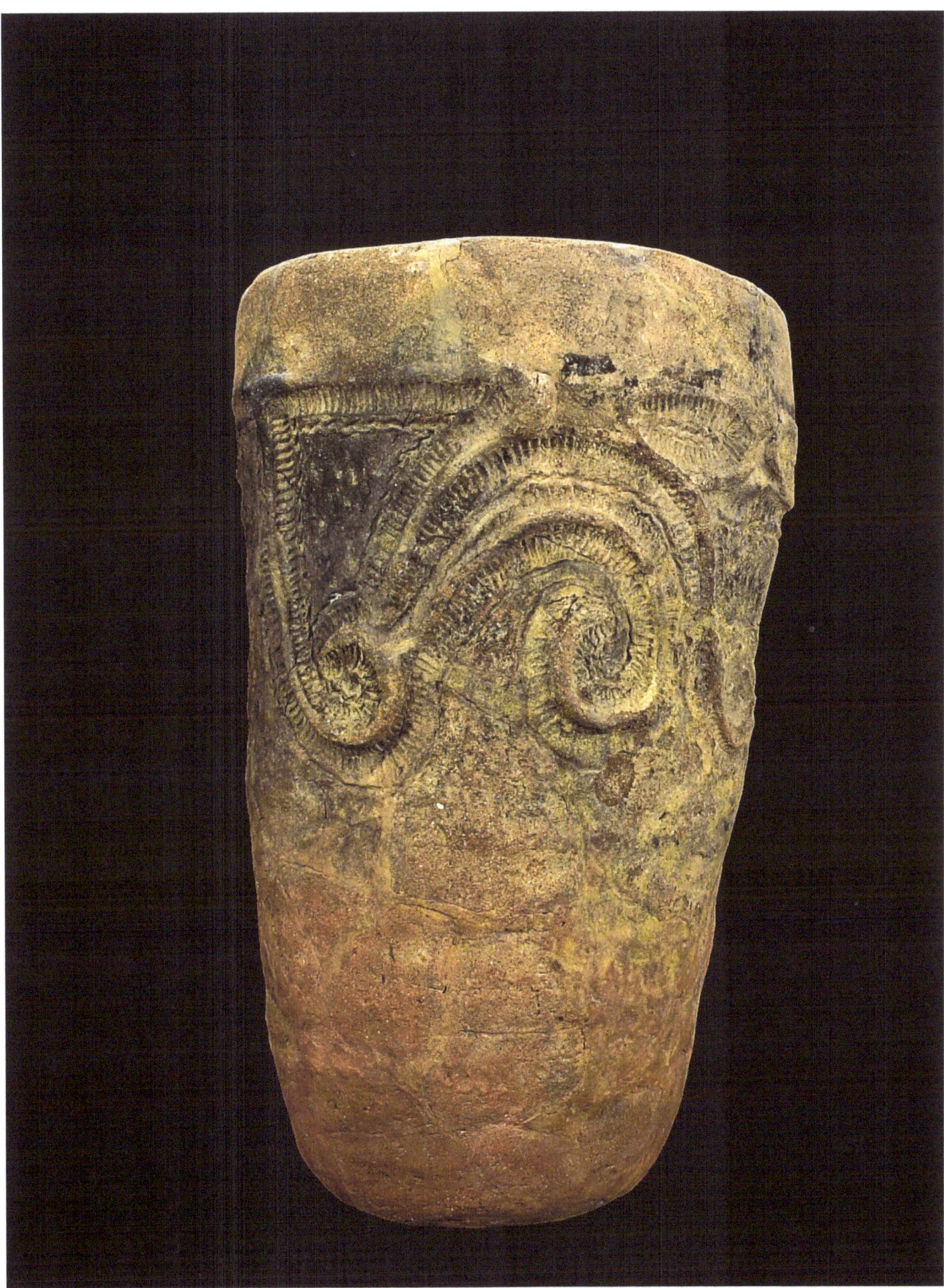

菱形蛙文系大深鉢（ひしがたかえるもんけいおおふかばち）
藤内遺跡（とうないいせき）
藤内Ⅰ式
藤内特殊遺構
昭和37年（1962年） 発掘
縄文中期中葉
約4700年前
56.5cm(高さ), 42.5cm(口径)
藤内-P320, No.241
ID-085

　大形の桶形土器で、口縁は太い箍状をなす。口縁には互い違いの横帯区画文が二段。輪積み痕をとどめる胴部は隆帯を垂らして四つの区画に分け、似た文様を一対ずつ描いている。その隆帯は、刻み目を加えたものと縄文を施したものとを組み合わせている。
　外壁の中ほどには煤がつき、いっぽう内壁は底から3cm上がった位置から12cmほどの幅でうっすらとお焦げが残っている。

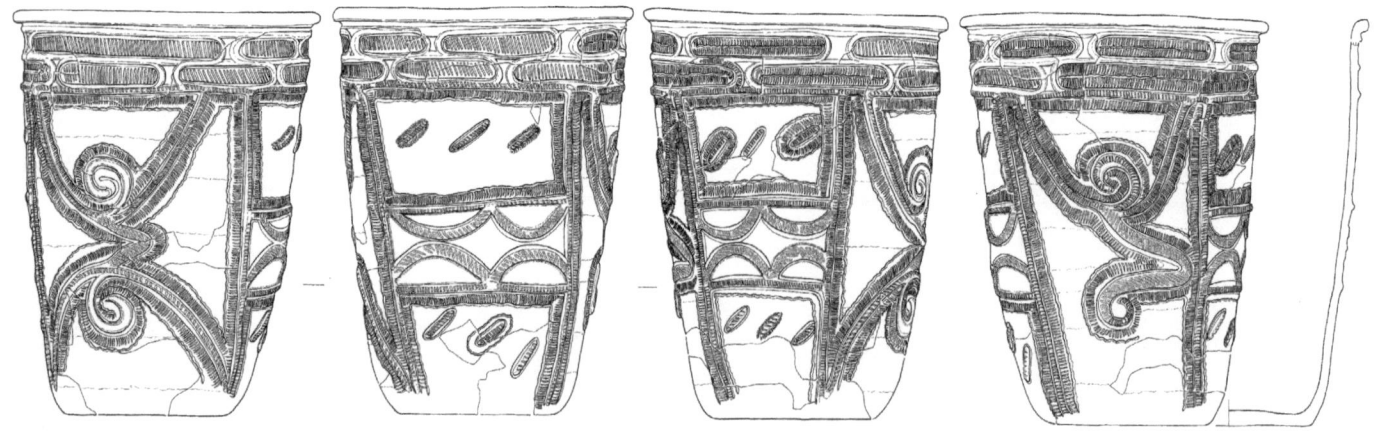

菱形蛙文系大深鉢 (ひしがたかえるもんけいおおふかばち)

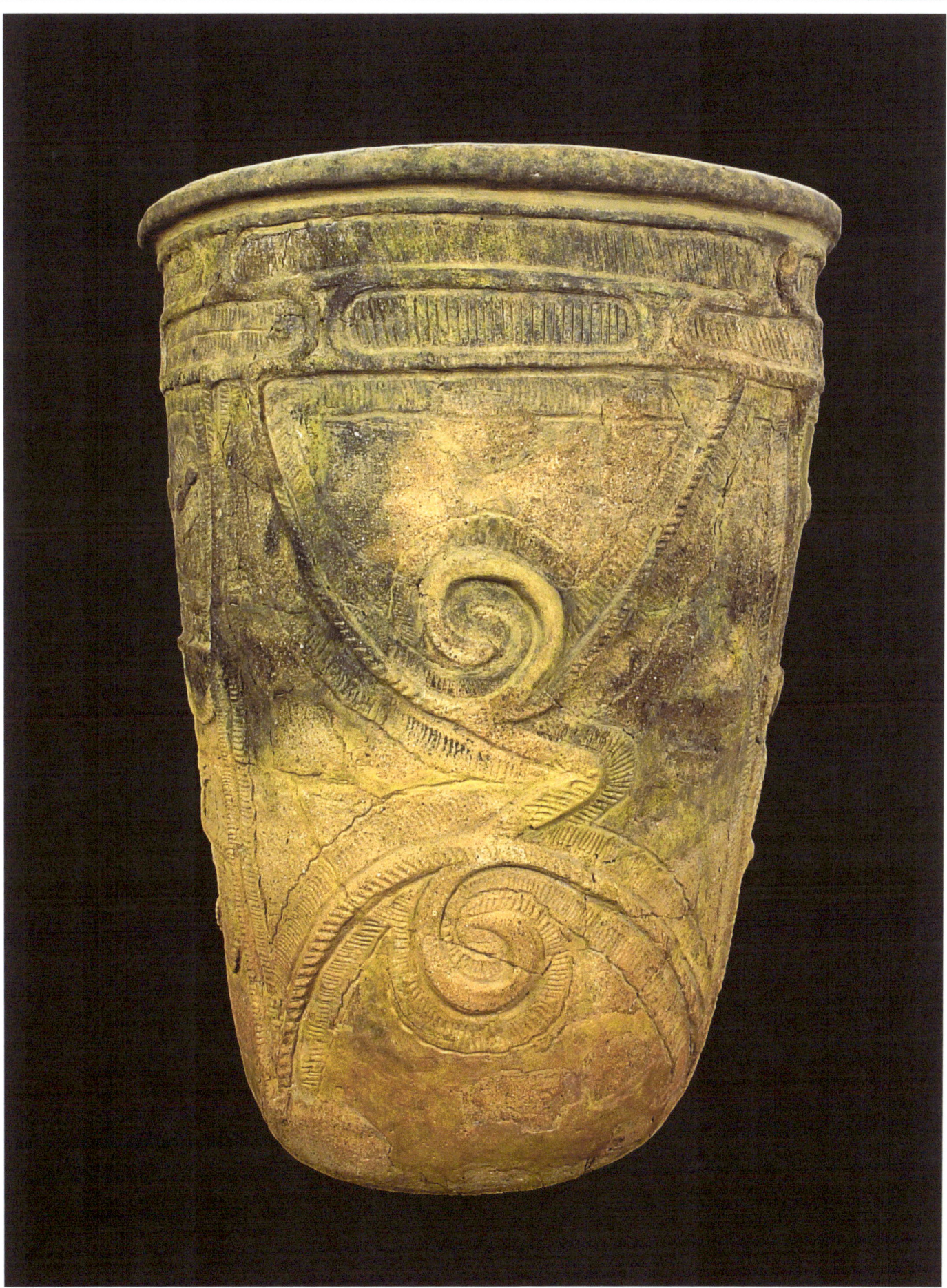

菱形蛙文系大深鉢（ひしがたかえるもんけいおおふかばち）

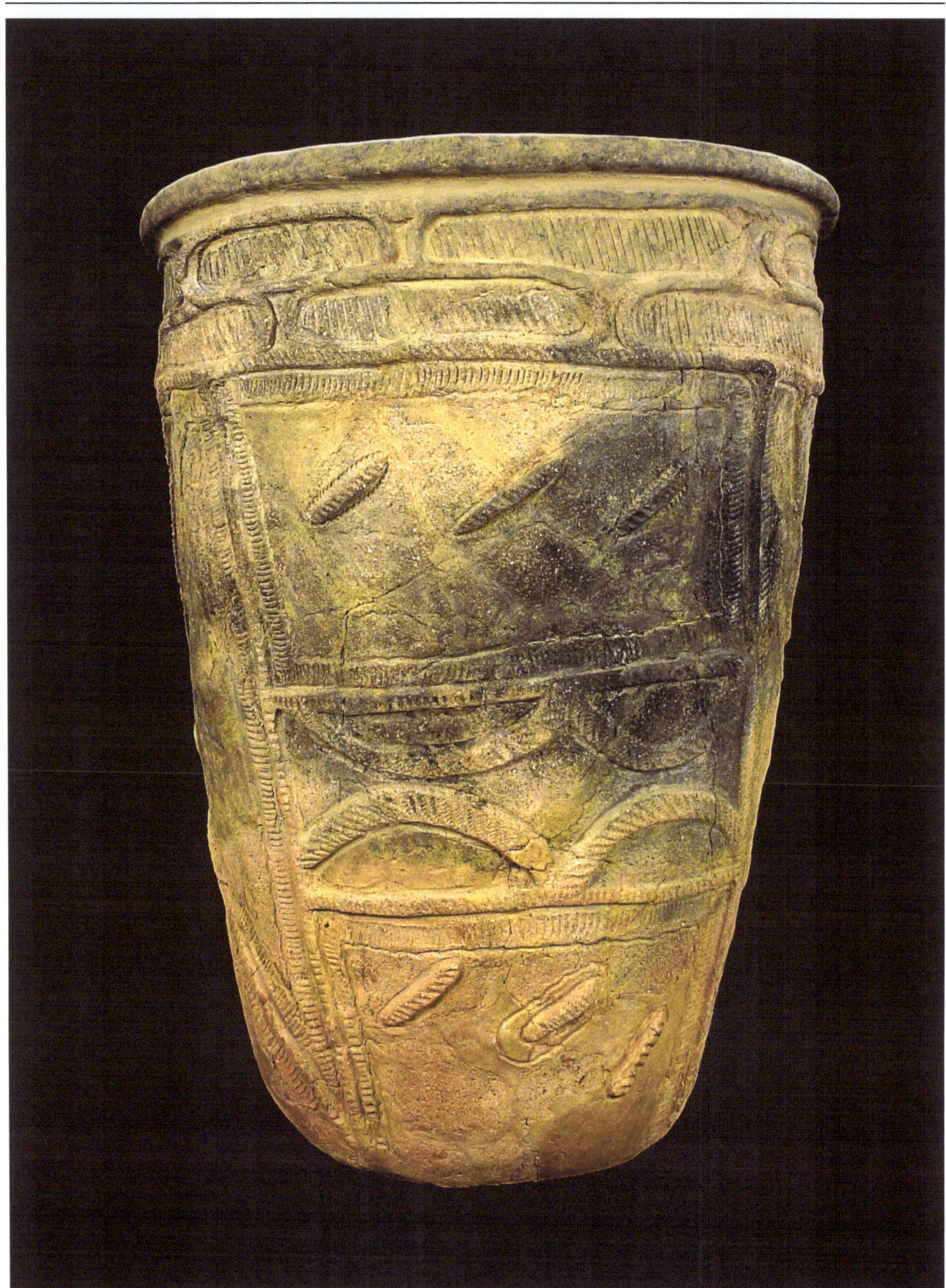

菱形蛙文系大深鉢 (ひしがたかえるもんけいおおふかばち)

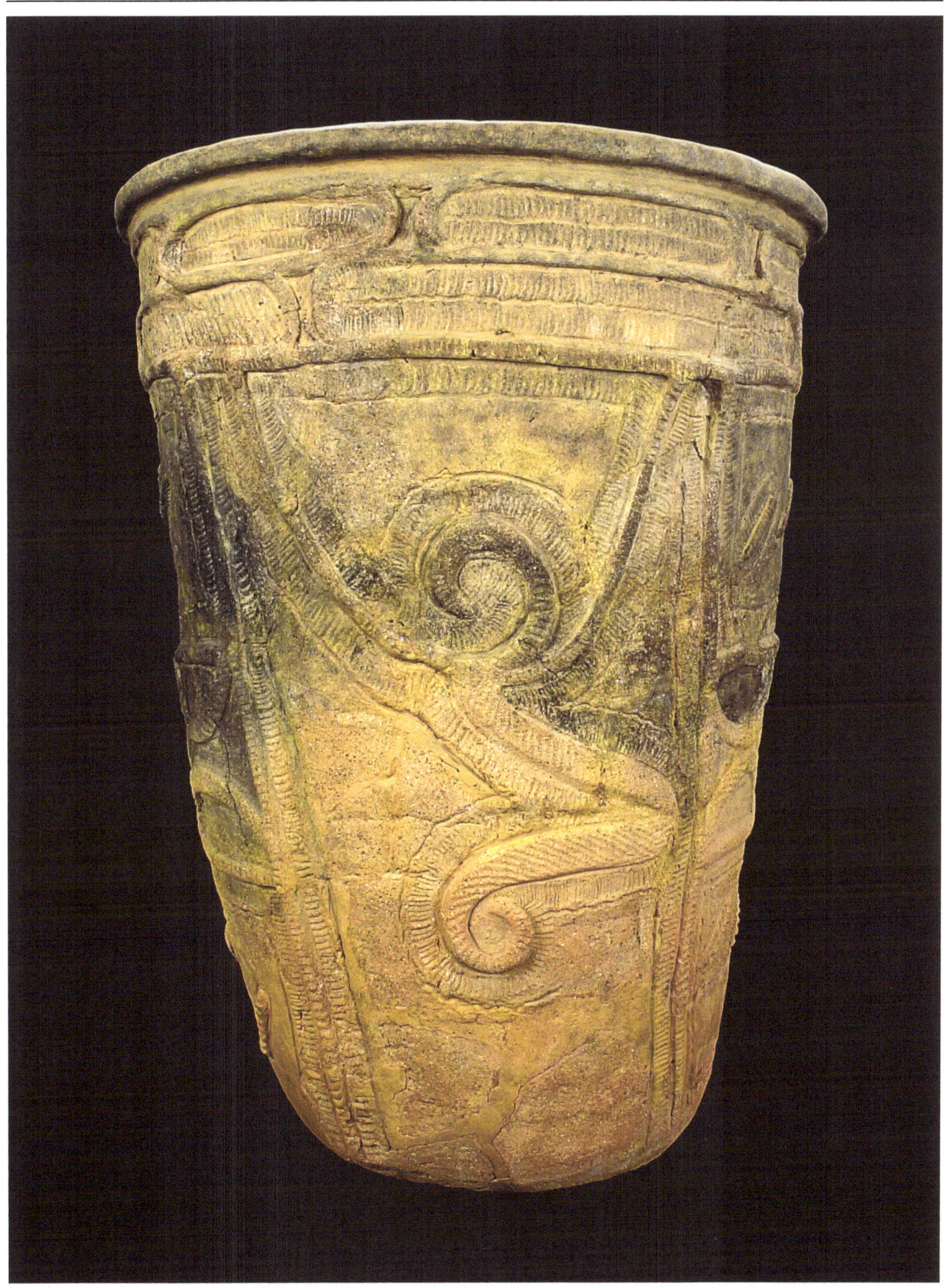

深鉢（ふかばち）
藤内遺跡（とうないいせき）
井戸尻Ⅰ式
19号住居址
昭和37年（1962年）　発掘
縄文中期中葉
約4500年前
37.2cm（高さ），30cm（口径）
井戸尻 -P98, No.353　　藤内 -P337, No.279
ID-032

　この深鉢は、「く」の字形の屈折口縁に各一対の箱形突起と低い屋根形突起を有す。一方の箱形は大きく欠け取れて、残存する側と同じように復元されている。箱形は左右の円窓が貫通し、内側にも円孔が空く。頭頂にも貫通する環形が前後にあって、それに巻き付くような蛇頭が右下向きに表され、胴体に当たる部分は二手に分かれて左の円窓を挟み、口縁の内側と外側の縁に至る。頭頂の環形からは上端が蕨手をなす隆線が垂れ、頸部に巻かれた隆帯で折り返し、同様に巻く。

　低い屋根形突起は、口縁部の外縁が左右から巻いて合わさる。その合わさり目に隆帯を渡し、外面側の端を環形につくり、内側の斜面には3本指の手のような形をつくる。一対の片方には三叉状の陰刻がなされるのみだが、これも蛙や半人半蛙文の肢趾の表現に類例がある。

　頸部の隆帯より上側の所々に煤の付着がみられ、胴部の縄文地に相当する内壁にお焦げが残る。

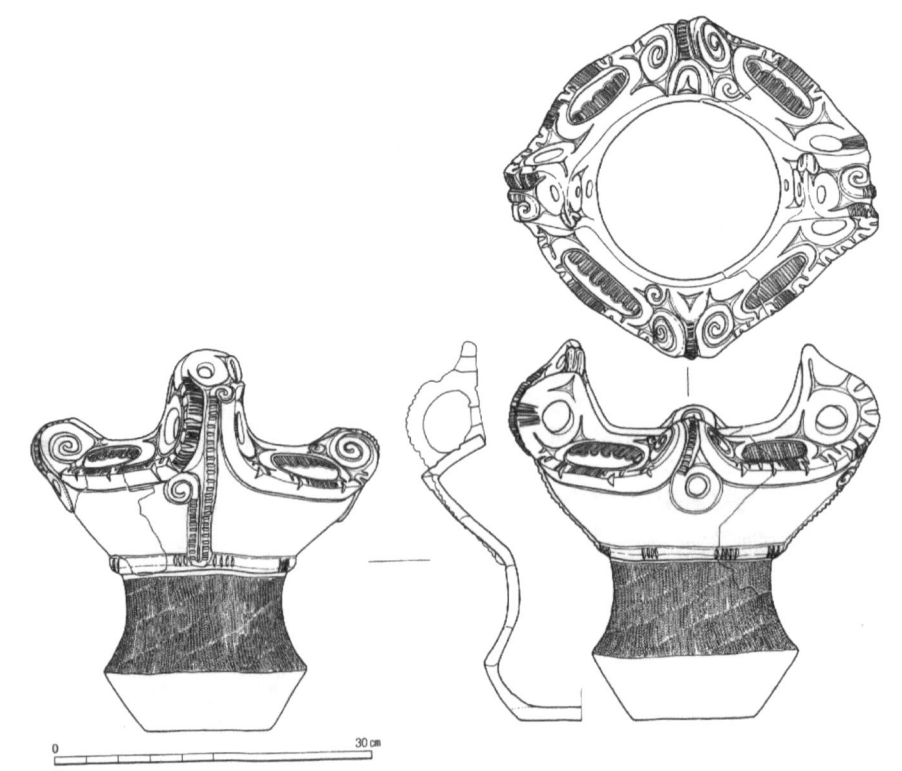

深鉢（ふかばち）

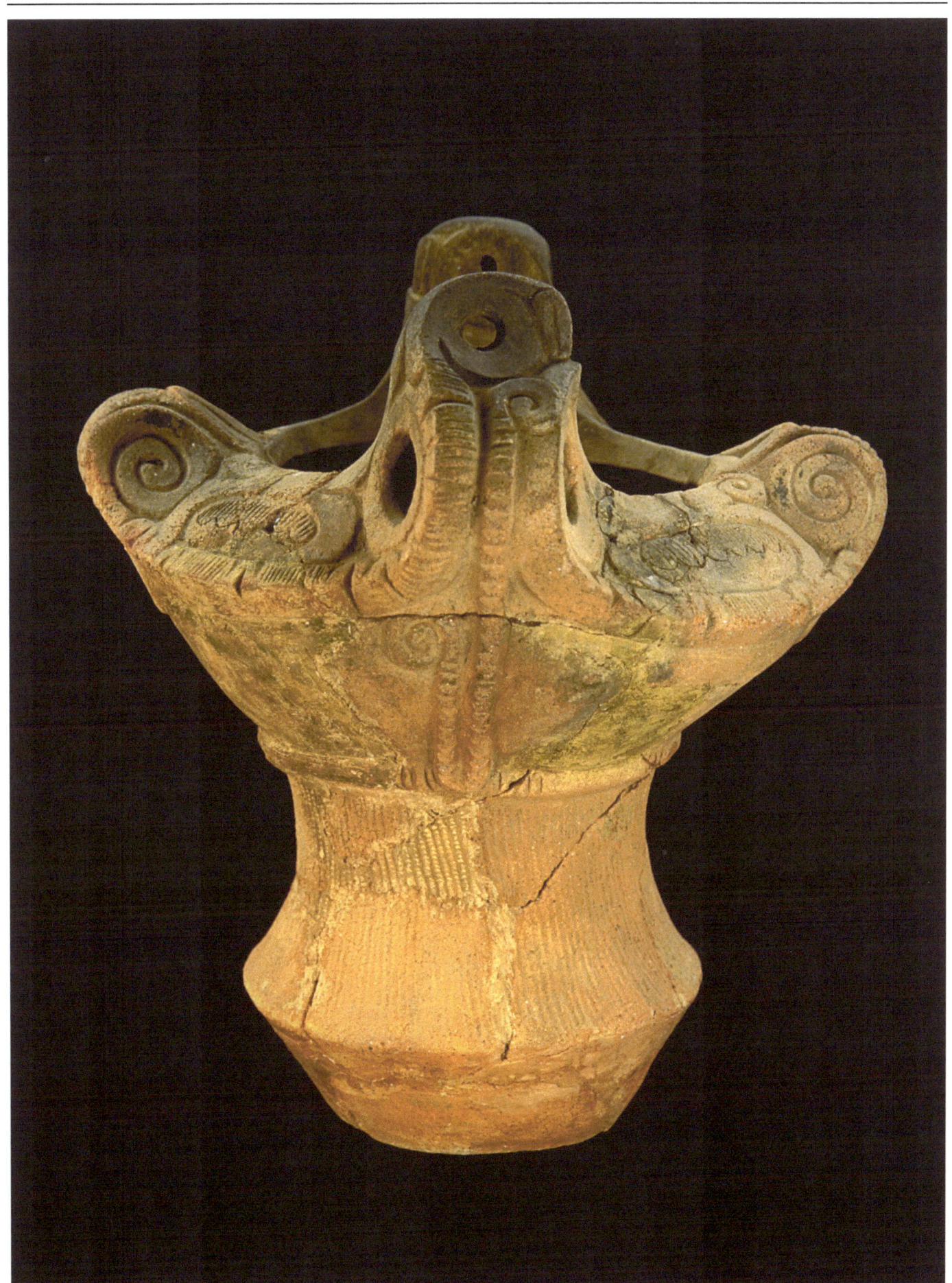

深鉢（ふかばち）

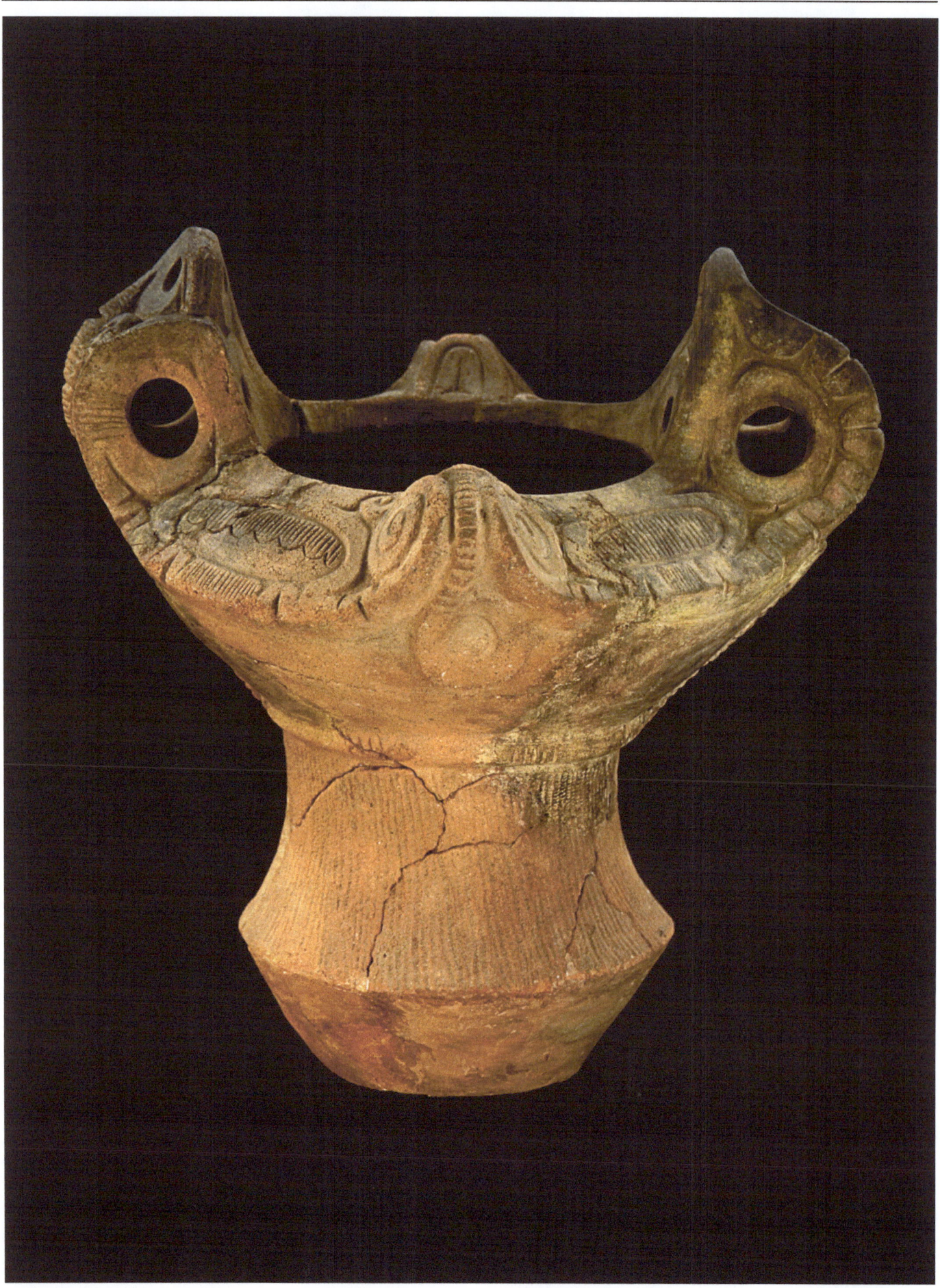

深鉢（ふかばち）

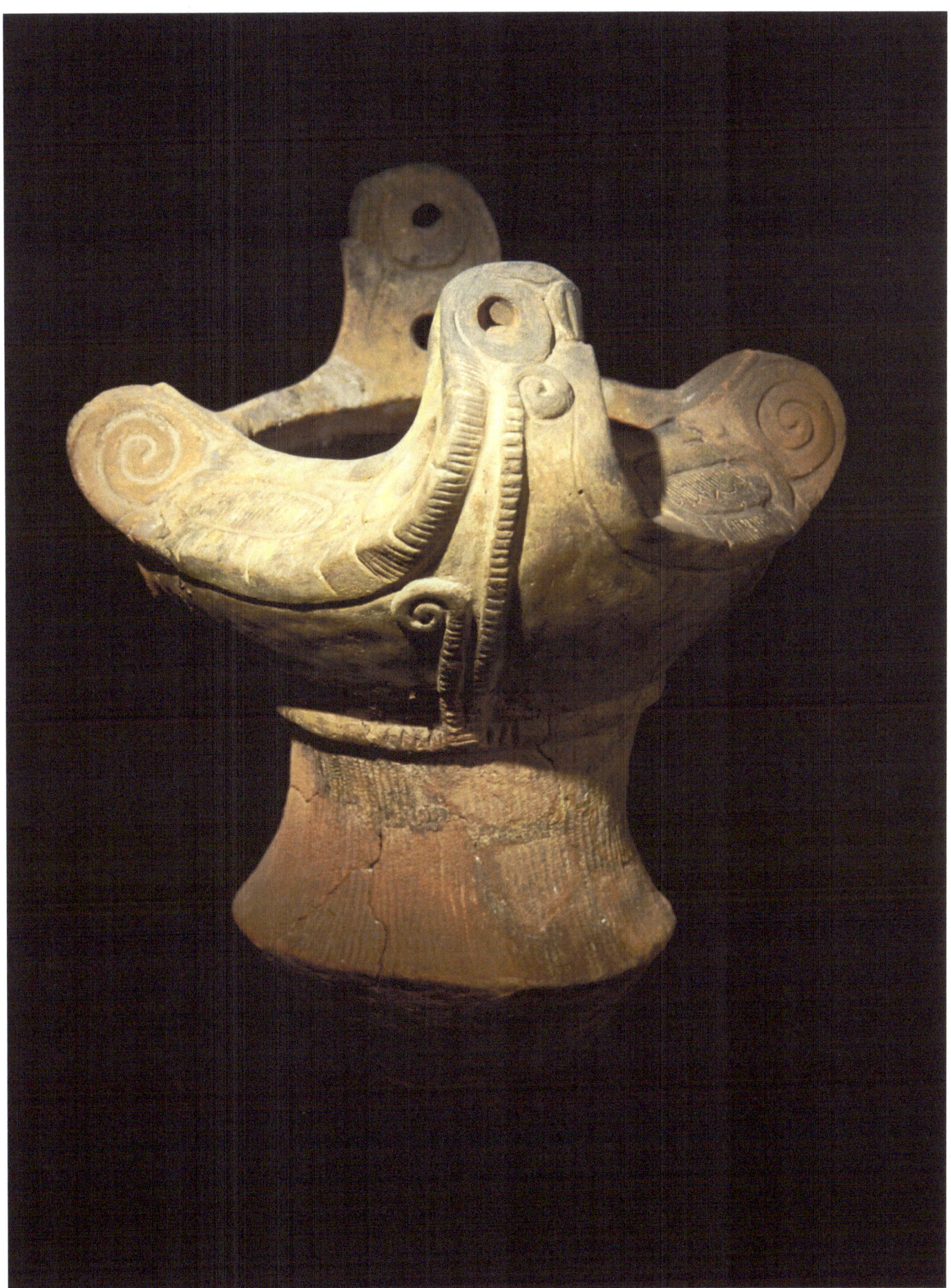

図録 井戸尻の縄文土器 全8巻

本図録は、長野県富士見町井戸尻考古館ならびに、以下、アマゾンのサイトからご購入いだだけます。

モノクロ版　http://www.amazon.co.jp/
カラー版　　http://www.amazon.com/

井戸尻考古館では、主として縄文土器・土偶に関し、かねてより発掘資料の画像データベース化を進めてきましたが、この度、一般向けに遺跡別の図録をオンデマンド出版のかたちで刊行することになりました。写真については画像データベース構築の際に撮影した多視点画像のうち、土器ごとに最小3点を選び、1ページに1点という方針で割り付けることに」しています。遺跡ならびに土器については、藤森栄一編「井戸尻」、富士見町教育委員会編「藤内」「曽利」「唐渡宮」など各遺跡の調査報告書を基に井戸尻考古館が解説を加えています。

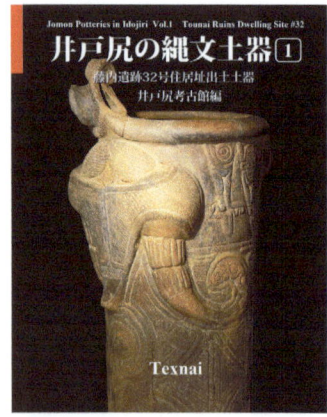

第1巻
藤内遺跡32号住居址出土土器
10点
レターサイズ　64ページ
既刊

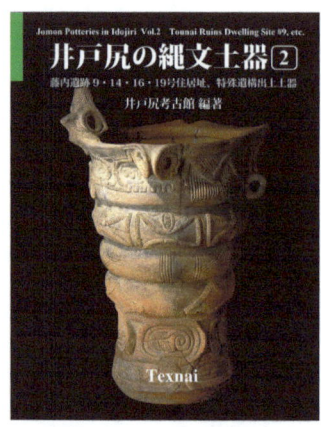

第2巻
藤内遺跡9・14・16・19号
住居址・特殊遺構出土土器15点
レターサイズ　76ページ
既刊

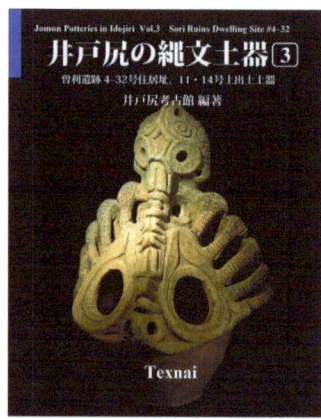

第3巻
曽利遺跡4・20・29・30・32号
住居址他出土土器12点
レターサイズ　64ページ
近刊

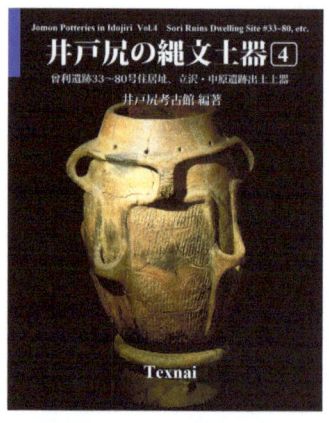

第4巻
曽利遺跡33〜80号住居址、立沢・
中原遺跡出土土器13点
レターサイズ　68ページ
近刊

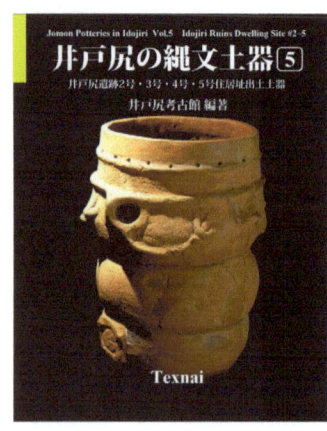

第5巻
井戸尻遺跡2号・3号・4号・5
号住居址出土土器11点
レターサイズ　64ページ
近刊

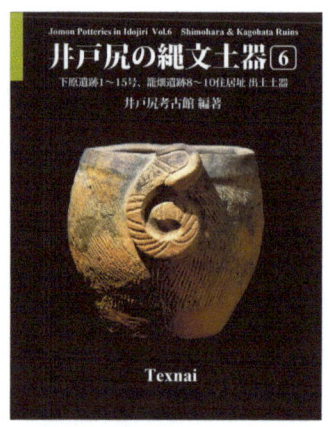

第6巻
下原遺跡1〜15号住居址、籠畑・
遺跡出土土器12点
レターサイズ　68ページ
近刊

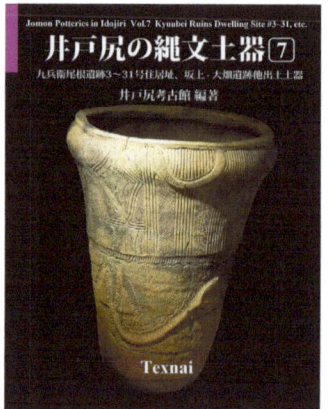

第7巻
九兵衛尾根遺跡2〜15号住居址、
岩久保・坂上・大畑遺跡出土土器
12点
レターサイズ　64ページ
近刊

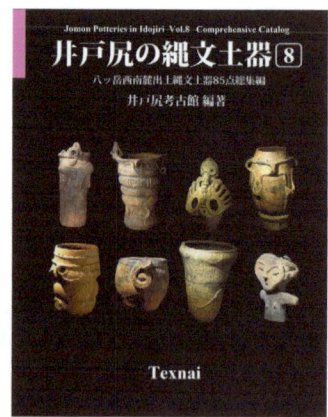

第8巻
井戸尻の縄文土器　総集編85点
レターサイズ　448ページ
近刊

※ 近刊のページ数、内容・掲載土器点数は予告なく変更される場合があります。

編著：長野県富士見町井戸尻考古館　　発行元：株式会社テクネ　東京都渋谷区宇田川町2−1　Tel: 03-3464-6927　　info@texnai.co.jp

www.ingramcontent.com/pod-product-compliance
Lightning Source LLC
Chambersburg PA
CBHW051200220526
45473CB00003B/840